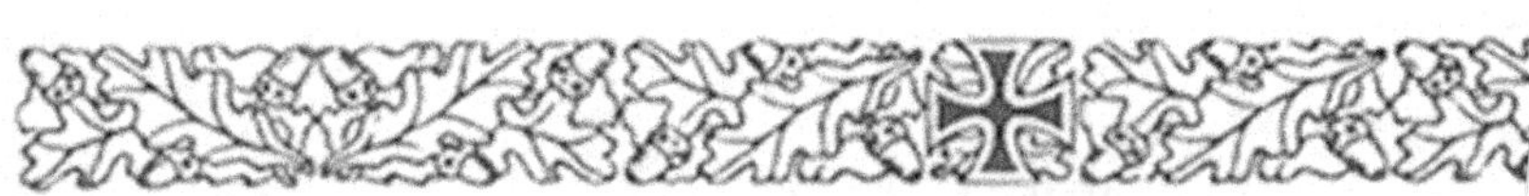

RK-009

MASSIMILIANO AFIERO

REX VAINCRA

LEON DEGRELLE E LA LEGIONE WALLONIE

Rex Vaincra - RK009 CS First edition Luglio 2018 by Soldiershop.com.
Cover & Art Design by Soldiershop factory. ISBN code: 978-88-93273497
First published by Soldiershop, copyright © 2018 Soldiershop (BG) ITALY. No part of this publication may be reproduced, stored in a retrieval system or transmitted by any form or by any means, electronic, recording or otherwise without the prior permission in writing from the publishers. The publisher remains to disposition of the possible having right for all the doubtful sources images or not identifies. Visit www.soldiershop.com to read more about all our books and to buy them.

In merito alle serie :Italia storia ebook, Ritterkreuz, The Axis Forces ecc. l'editore Soldiershop informa che non essendone l'autore ne il primo editore del materiale pervenuto per la stesura del volume, declina ogni responsabilità in merito al suo contenuto di testi e/o immagini e la sua correttezza. A tal proposito segnaliamo che la pubblicazione Ritterkreuz tratta esclusivamente argomenti a carattere storico-militare e non intende esaltare alcun tipo di ideologia politica presente o del passato cosi come non intende esaltare alcun tipo di regime politico del secolo precedente ed alcuna forma di razzismo.

Note editoriali dell'edizione cartacea

Copyright per l'edizione cartacea italiana della Associazione Culturale Ritterkreuz di Via San Giorgio 11, 80021 Afragola (NA). La riproduzione delle foto qui pubblicate è severamente vietata. Il primo editore ha compiuto tutti gli sforzi necessari per contattare i titolari dei diritti di alcune delle illustrazioni riprodotte, e si impegna a riparare a eventuali errori o omissioni nelle future edizioni del presente testo.

Rex vaincra! Léon Degrelle e la legione Vallonia sul fronte dell'Est

Léon Degrelle, uno dei più famosi e valorosi tra i volontari stranieri arruolati nelle forze armate tedesche nella Seconda Guerra Mondiale. Partito per la Russia come semplice soldato, Degrelle si batté valorosamente guadagnandosi con il valore dimostrato sul campo di battaglia i più alti gradi della gerarchia militare tedesca, fino a comandare un'intera divisione della Waffen SS. *In questo volume, abbiamo voluto narrare la storia della Legione Vallonia, una delle tante unità volontarie europee che si batterono al fianco delle forze armate tedesche per combattere contro la Russia sovietica e il bolscevismo, nel periodo che va dal 1941 al 1943. Inquadrati in un battaglione di fanteria nell'esercito tedesco, i Valloni furono impegnati duramente in combattimento, dimostrandosi degli ottimi e valorosi soldati, tanto da meritarsi sul campo, con il sangue versato in battaglia, l'onore di diventare successivamente anche loro dei combattenti SS, dimostrando ancora una volta agli occhi dei Tedeschi e del mondo intero, che non esistono razze superiori ma solo uomini superiori. La narrazione della storia della Legione è stata completata includendo dei brani tratti dagli scritti originali di Degrelle e attingendo informazioni principalmente dai documenti di archivio e dagli studi pubblicati in precedenza sulla stessa legione e Degrelle. Una menzione particolare al libro del compianto Jean Mabire, dedicato proprio alla Legione Wallonie, sicuramente uno dei libri più completi sulla storia dell'unità con numerose testimonianze dei diretti protagonisti, un vero e proprio punto di riferimento per tutti gli storici e i ricercatori. Abbiamo accompagnato questa breve storia della Legione vallone, con centinaia di foto, alcune sicuramente conosciute e già pubblicate, ma moltissime altre sicuramente inedite, per rendere la lettura più piacevole e calare il lettore direttamente sul campo di battaglia.*

Massimiliano Afiero

SOMMARIO

Rex vaincra!

....Per una delle ultime volte nella storia della Legione *Wallonie*, dei volontari attaccarono lanciando il vecchio grido delle riunioni politiche anteguerra: - *Rex vaincra*! (Rex vincerà).

E un altro grido risuonò subito dopo, che diventerà inseparabile da tutti gli assalti lanciati dai volontari valloni: - *En avant, Bourguignons*! (Avanti, Borgognoni).

Degrelle arringa la folla con i suoi discorsi.

Soldati dell'esercito belga catturati dai Tedeschi.

Belgio: *panzer* tedeschi e civili in fuga, 1940.

Il soldato politico Léon Degrelle

Léon Degrelle nacque il 15 giugno 1906 a Bouillon, una piccola città nelle Ardenne belghe, da una famiglia di origine francese. Dopo il diploma, si laureò in legge presso l'Università di Louvain. Fin da giovane iniziò subito ad interessarsi alla politica, all'arte, all'archeologia e alla filosofia. Entrato nel movimento dell'Azione Cattolica Belga, ne divenne in poco tempo la guida. Nel 1929, l'Azione cattolica di Louvain, gli affidò la direzione di una piccola casa editrice, la *Christus Rex,* un mezzo di comunicazione eccezionale per poter divulgare il suo fascismo di ispirazione cattolica. Nel 1932, Degrelle lanciò una nuova rivista, *Rex*, destinata ad avere un successo senza precedenti in tutto il Belgio: prima mensile, poi quindicinale fino a raggiungere una periodicità settimanale. La rivista *Rex* fu per Degrelle un mezzo di informazione e di battaglia, ricca di articoli dove, senza mezzi termini, furono denunciate la corruzione e l'impotenza del sistema parlamentare belga. Il 2 novembre 1935, Degrelle fondò il *Parti Populaire de Rex*. L'organo ufficiale di stampa del partito diventò il quotidiano *Le pays Réel.* I suoi libri e il suo giornale incontrarono i favori dell'opinione pubblica e nel 1936 il suo partito ottenne trentaquattro seggi al senato: il successo lo portò a numerosi incontri con importanti personalità politiche come Mussolini, Hitler e Churchill. Léon Degrelle tuttavia, restò influenzato principalmente dal Fascismo italiano e dal Nazionalsocialismo tedesco. Il partito di Degrelle si batteva per una vasta opera di riforme sociali, per una serie di provvedimenti con l'obiettivo di restaurare l'immagine della famiglia cristiana, per una nuova Europa contro la grande finanza e il bolscevismo, ma soprattutto si batteva per l'unità del paese, diviso tra Fiamminghi e Valloni. All'inizio della Seconda Guerra Mondiale, Degrelle e il suo partito, diventarono oggetto di indiscriminate persecuzioni da parte del governo belga: la maggior parte dei suoi membri fu arrestata per presunta attività sovversiva. La loro politica pacifista, tesa a voler lasciare il Belgio fuori dalla guerra e lontano dall'alleanza franco-inglese, fu interpretata come una forma di sostegno, sia pure indiretta, alla politica dell'Asse.

Léon Degrelle e Fernand Rouleau con l'uniforme della *Formation de Combat*.

Degrelle, messo agli arresti, fu trasferito prima a Bruxelles, poi a Bruges e infine a Dunkerque. Qui fu consegnato ai Francesi che lo trasferirono a loro volta di prigione in prigione. Degrelle riuscì a sfuggire miracolosamente al massacro di Abbeville in Francia, dove una ventina di prigionieri belgi, tra cui tre donne, un sacerdote e Joris Van Severen capo del movimento fiammingo *Verdinaso,* furono fucilati per ritorsione dai soldati francesi, con l'accusa di essere spie. Terminate le operazioni militari sul fronte occidentale, con la vittoria della forze tedesche, Degrelle fu liberato dal campo di concentramento di Vernet in Francia il 22 luglio 1940: in quello stesso mese, il Consiglio Generale del Movimento Rexista avviò la formazione di una nuova unità paramilitare sul modello delle SS tedesche, la *Formation de Combat,* allo scopo di proteggere i capi e le adunate del movimento e collaborare con la polizia locale e le autorità tedesche per il mantenimento dell'ordine nel paese. Alla fine dell'anno la sua forza arrivò a contare circa quattromila effettivi. I membri della *Formation de Combat* indossavano un'uniforme blu scuro e portavano sulla tasca destra dell'uniforme uno scudo nero con i bastoni rossi di Borgogna. Come primo comandante dell'unità fu designato Rutger Simoens, sostituito poi nel febbraio del '41, da Fernand Rouleau. Il 5 gennaio 1941, fu organizzata una grande manifestazione dei rexisti a Liegi, alla quale si presentarono circa cinquemila persone.

Degrelle e Fernand Rouleau all'uscita del *Palais des Arts* a Bruxelles, prima di partire per Meseritz.

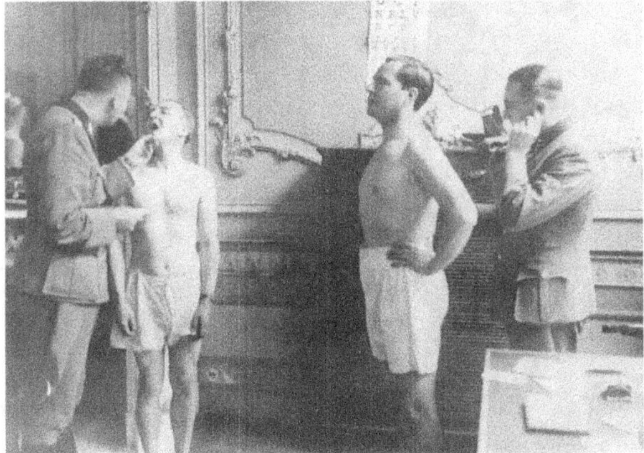

L'aspirante Lèon Degrelle, a destra in mutande, sottoposto a visita medica, estate 1941.

Léon Degrelle terminò il suo discorso con un sonoro '*Heil Hitler*', attestando esplicitamente il suo allineamento alla causa del Nazionalsocialismo. Naturalmente questa dichiarata fedeltà al *Führer* gli creò non pochi problemi in seno al partito, ma nello stesso tempo attirò l'attenzione dei Tedeschi, rimasti riluttanti fino a quel momento a qualsiasi collaborazione con la parte francofona del Belgio.

Formazione della Legione

Quando nel giugno del 1941 iniziò l'operazione Barbarossa, Léon Degrelle tornò sulla scena politica, per partecipare attivamente alla crociata contro il bolscevismo: a Bruxelles, il *Kommandostab Z*, una speciale sezione della *Militärverwaltung,* l'autorità militare d'ccupazione tedesca, agli ordini dell'*Hauptmann* Baumann prese contatti con Fernand Rouleau, capo della *Formations de Combat* per avviare la formazione di un Corpo Franco Vallone da inviare sul fronte dell'Est. Ricevuta l'autorizzazione, l'annuncio ufficiale fu dato dallo stesso Degrelle, il 6 luglio 1941, a Bruxelles. In tutta la Vallonia, i rexisti lanciarono la campagna di reclutamento: in meno di una settimana più di mille volontari si presentarono e superarono la visita medica. Gli aspiranti combattenti provenivano da tutte le classi sociali con un buon numero di studenti. La maggior parte dei volontari erano membri della *Formations de Combat*, altri provenivano dall'*AGRA*, *Les Amis du Grand Reich Allemand*, un altro gruppo nazionalista filotedesco. C'erano anche una decina di russi esiliati in Belgio dopo la rivoluzione bolscevica. Naturalmente lo stesso Degrelle fu uno dei primi volontari e lo annunciò pubblicamente durante una manifestazione organizzata a Liegi il 20 luglio 1941. Le autorità tedesche, gli concessero da subito il grado di tenente, ma Degrelle rifiutò, decidendo di iniziare la sua nuova avventura militare nella *Wehrmacht*, come un semplice soldato. Secondo l'ordine n. 3680/41 del comando tedesco, i volontari valloni furono inquadrati ufficialmente nel *Wallonisches Infanterie Bataillon Nr. 373* e trasferiti al campo di addestramento di Meseritz, vicino al confine polacco. L'8 agosto 1941, 860 volontari valloni partirono dalla stazione di Bruxelles. Prima di partire, fu organizzata una grande manifestazione a Bruxelles, prima al Palazzo delle Belle Arti e poi sulla Piazza Reale, davanti alla statua di Goffredo di Buglione, l'ispiratore della prima crociata organizzata in Occidente, per combattere contro gli infedeli.

Bruxelles, Palazzo delle Belle Arti, 8 agosto 1941: Léon Degrelle parla ai volontari in partenza per il fronte dell'Est.

Bruxelles, 8 agosto 1941: il corteo formato da un migliaio di volontari valloni, si avvia verso la stazione ferroviaria.

Altri fotogrammi della marcia dei volontari valloni per le strade di Bruxelles e il loro arrivo alla stazione ferroviaria, per il trasferimento al campo di addestramento.

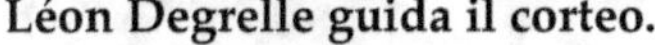

Léon Degrelle guida il corteo.

Il saluto della gioventù rexista ai volontari valloni.

Degrelle insieme ad alcuni graduati tedeschi.

Il saluto della folla al treno in partenza.

Léon Degrelle intervenne prima della partenza per il fronte, con uno dei suoi discorsi: *"...Partiamo, affinché la nostra patria possa manifestare di nuovo la sua presenza in Europa, ricordare a quelli che ci credevano stesi al suolo, che le più alte virtù animano sempre il Leo Belgicus di Carlomagno. Ieri eravamo vinti, in questa ora siamo qui, fraternamente uniti alla gioventù del grande* Reich *tedesco. Nell'immensa epopea che oggi vive l'Europa non staremo a guardare, la nostra Patria non resterà a guardare. Se l'Europa continuerà ad esistere, allora esisterà la mia Patria. Questa è la possibilità per noi Belgi, di convertire un giorno la nostra partecipazione alla guerra nella sicurezza della sopravvivenza della nostra nazione. Camerati, lottiamo per l'Europa che è la nostra grande Patria. Lotteremo per i nostri più alti valori, che il comunismo vuole distruggere. Lotteremo per il nome e l'onore del Belgio, lotteremo finalmente per liberare le nostre anime. Rex vincerà!".*

Léon Degrelle, saluta la folla festante, che risponde con il saluto romano al capo rexista.

Il *Leutnant* Vermeire, l'*Hauptmann* Van Damme e Degrelle.

Il soldato Degrelle, 1941.

Lucien Lippert.

Il 12 agosto 1941, i volontari giunsero a Meseritz, iniziando subito l'istruzione militare di base. Il 25 agosto, i Valloni prestarono il giuramento di fedeltà ad Hitler nella lotta contro il Bolscevismo. Al comando della Legione fu posto il *Major* Georges Jacobs, un ex-ufficiale delle truppe coloniali belghe. Come ufficiale di Stato maggiore, fu nominato l'*Oberleutnant* Lucien Lippert e come ufficiale medico il Dottor Pierre Jacquemin. A offrire i servizi religiosi c'era il cappellano George Sales, dell'abbazia di Clervaux. Il 373° battaglione di fanteria vallone, fu organizzato su quattro compagnie, tre di fucilieri ed una di mitraglieri, agli ordini dei seguenti comandanti:

Giuramento.

1.*Kompanie*: *Hauptmann* Albert Van Damme
2.*Kompanie*: *Hauptmann* Willy Heyvaert
3.*Kompanie*: *Hauptmann* Georges Tchekhoff
4.*Kompanie: Hauptmann* René Dupré

Come ufficiale di collegamento tedesco, fu assegnato alla legione *Wallonie* il *Leutnant* Leppin. Lèon Degrelle, come già anticipato prima, serviva come soldato semplice nel primo plotone della prima compagnia dell'*Hauptmann* Van Damme.

La prima bandiera della Legione, con i bastoni di Borgogna

Il legionario Demarteau.

Cerimonia di giuramento dei volontari a Degrelle, come capo di Rex.

Fronte dell'Est

Degrelle alla stazione di Lemberg.

L'arrivo a Dniepropetrowsk.

La *Légion Wallonie* lasciò il campo di Meseritz su due convogli, a un giorno di distanza l'uno dall'altro: il 16 ottobre 1941, partì la compagnia di comando, lo stato maggiore di collegamento tedesco e la prima e la seconda compagnia fucilieri; il giorno dopo, 17 ottobre, seguirono la terza compagnia fucilieri e la quarta compagnia mitraglieri. Giunti a Lemberg (Lviv), i volontari valloni furono raggruppati su un unico convoglio, proseguendo il viaggio verso l'Est.

Il 2 novembre 1941, il viaggio terminò a Dniepropetrowsk. I Borgognoni giunsero in Ucraina, proprio quando la marcia delle forze tedesche si era temporaneamente fermata a causa delle abbondanti piogge autunnali che avevano trasformato il paesaggio in un immenso pantano. Dopo alcuni giorni di riposo, al mattino del 6 novembre, sotto una pioggia battente, i valloni attraversarono il fiume Dnepr, proseguendo in direzione di Novo-Moscova, ad una trentina di chilometri più a est. Le strade erano totalmente ricoperte di fango e la pioggia non cessava di cadere, sempre più copiosa. Solo a tarda notte, i volontari valloni giunsero finalmente a Novo-Moscova, completamente esausti. L'attività partigiana si era intensificata proprio con l'apparire della *rasputiza,* il terribile mare di fango russo, che intrappolava uomini e mezzi. A tal riguardo, il soldato Léon Degrelle scrisse[1]: "*...La resistenza sovietica nacque così, dalle tregua data dal fango e dallo spettacolo della vulnerabilità delle forze del Reich, irresistibili qualche settimana prima quando le loro fantastiche colonne corazzate dilagavano al sole. Il fango era un'arma, la neve ne sarebbe stata un'altra. Stalin poteva contare su questi alleati gratuiti*".

Mentre marciavano nel settore del fiume Samara, dove operavano le divisioni italiane *Pasubio* e *Torino,* incluse nel Corpo di Spedizione italiano in Russia, i legionari valloni incontrarono i soldati italiani. Dal diario del Colonnello Attilio Frescura, comandante del XXIX° Autogruppo Pesante italiano:

Degrelle con ufficiali italiani del CSIR.

Léon Degrelle sul fronte dell'Est, 1941.

"....Oggi, all'intendenza, un nostro ufficiale ha presentato un semplice soldato con l'uniforme tedesca: Léon Degrelle. Leon Degrelle, capo dei rexisti belgi, il redivivo. Redivivo non soltanto perché l'avevano dato erroneamente per morto, ma perché non doveva morire. Forse lui morendo, sarebbe morto il Belgio. Prima ancora che i tedeschi, ben sapendo che il nemico ne aveva predisposto l'invasione, entrassero nel Belgio, i Francesi, violando il territorio di una nazione che non era in stato di guerra, irrompevano nella casa del capo dei rexisti, deputato al Parlamento, lo arrestavano, lo trascinavano a piedi scalzi, polsi e caviglie incatenati. Così, immobilizzato, lo hanno percosso a morte, rompendogli a pugni un timpano, spezzandogli otto denti, percuotendogli le piante dei piedi, sputacchiandolo, costringendolo ai servizi più obbrobriosi. Ufficiali francesi, educati secondo la civiltà senegalese, periodicamente minacciavano di evirarlo. E' stato incatenato alla stessa sbarra dei condannati all'ergastolo. La Francia sconfitta, tendenzialmente aspirante a partecipare all'ordine nuovo d'Europa, di volta in volta che i tedeschi visitavano le prigioni per il controllo dei detenuti, lo faceva nascostamente sgomberare altrove. Leon Degrelle deve la sua vita ad un soldato tedesco prigioniero il quale liberato, fermamente asserì di averlo incontrato nelle carceri della Francia del Maresciallo Pétain. Colpito di scorbuto, ridotto un cencio umano dalla fame e dalle percosse, dopo due mesi di letto, Leon Degrelle ha ottenuto di partire per la guerra. Al suo appello sono accorsi tremila belgi. Due battaglioni sono rimasti per l'ordine interno (i comunisti belgi non danno tregua) uno è partito contro i comunisti russi. Vi sono uomini di sessantanni i quali hanno combattuto due volte contro i Tedeschi; e ci sono ragazzi di sedici anni. Questi soldati non potevano vestire l'uniforme belga: dovettero vestire la divisa tedesca. E' una divisa onorata, ma è pure la divisa dei soldati che i Belgi hanno combattuto due volte. Qualcuno, nell'indossarla, forse ha pianto. Tuttavia essi recano oggi fieramente sul petto il fregio dell'aquila tedesca. Leon Degrelle mi ha detto: 'noi dobbiamo col sangue conquistare il diritto di avere una Patria'. *Leon Degrelle ha trentacinque anni; è di media statura, di aspetto robusto, viso pieno ma non grasso, capelli e occhi castani, sorriso aperto, quasi fanciullesco, che dice la sua bontà. Gli occhi, la fronte rivelano una vivida aperta pronta intelligenza, la singolare fermezza del carattere.*

Il generale Freiherr von Dalwigk zu Lichtenfels, con il braccio alzato, alla cerimonia di giuramento dei Valloni: da sinistra Degrelle, Rouleau, Van Damme e Mathieu.

*Ha voce calda un poco arrochita e stridente forse anche per la erre francese, voce che nelle frasi più drammatiche si placa e si smorza, più affidando l'efficacia al pensiero che all'espressione, e ciò è di notevole singolare effetto oratorio. Massacrato nel corpo, sublimato nello spirito, non ha avuto esitazione nel lasciare la giovane moglie e i suoi cinque figliuoli i cui ritratti mostra con orgoglio. E' semplice soldato, ho detto. E' tra i privilegiati che portano a spalla, oltre il sacco, anche la mitragliatrice. Non è esente da nessun servizio, il più umile. Nel pomeriggio di oggi, tra una visita e l'altra, è stato in cucina a sbucciare patate per il rancio, alla cui distribuzione si presenta in fila come gli altri con la gavetta. Dorme, come gli altri, con un po' di paglia. Ma dal comandante di battaglione, sino all'ultimo soldato, tutti lo salutano. '*E' il nostro capo' *dicono. Ma in servizio è il soldato Leon Dégrelle, semplicemente. Aveva un paio di scarpe rotte e un paio di calze di lana prese a prestito; non aveva cappotto: con semplicità ha accettato questo dono dal generale Biglino, il rigido soldato piemontese che oggi era di fronte a lui sull'attenti. Entrambi sull'attenti*".

Autunno 1941: soldati tedeschi attraversano un villaggio ucraino, appena strappato al nemico. Il terreno è ancora asciutto e la marcia procede rapidamente.

La *Légion Wallonie* doveva ripartire già il giorno dopo, per una nuova destinazione, ma il comandante Jacobs era intenzionato a far riposare i suoi uomini, molti dei quali si erano già ammalati. Il comando tedesco accordò qualche giorno di riposo, assegnando però alla Legione il compito di assicurare il controllo di alcune posizioni sensibili e di inviare delle pattuglie in esplorazione. L'8 novembre 1941, la prima compagnia dell'*Hauptmann* Albert van Damme, ricevette l'ordine di raggiungere il villaggio di Karabinowka con un plotone mitraglieri della quarta compagnia. Per coprire venticinque chilometri, percorrendo piste difficili e fangose, i legionari della prima compagnia impiegarono ben quattordici ore. Alcuni volontari erano febbricitanti e il capitano van Damme scese più volte dal suo cavallo per marciare al fianco dei suoi uomini. Una volta arrivati, i Valloni trovarono riparo nelle povere isbe dei contadini ucraini. All'alba, i legionari si svegliarono scoprendo un paesaggio tutto bianco, la prima neve era caduta. I partigiani, soprattutto soldati sovietici rimasti tagliati fuori dalle loro unità, erano nascosti nei boschi lungo il fiume Samara ed erano pronti ad attaccare e a tendere imboscate.

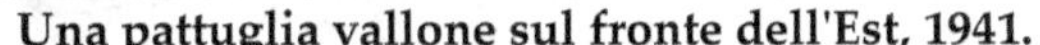

Una pattuglia vallone sul fronte dell'Est, 1941.

***Leutnant* Jean Vermeire.**

Valloni intorno a un bivacco.

"*...I partigiani sovietici costituivano formazioni militari di un genere del tutto speciale. Non erano in nessun luogo. Ed erano dovunque nelle scorciatoie. Rimpiattati in un boschetto, in un covone, al lucernario di una isba, le loro vedette sorvegliavano silenziosamente durante il giorno ogni passo dell'avversario....La notte successiva, un ponte veniva fatto saltare in aria con la dinamite, degli autocarri si incendiavano. Delle raffiche partivano da una scarpata. Si correva. Era troppo tardi...*"(2).

Da informazioni raccolte dal legionario Hobé, che parlava perfettamente il russo, i partigiani si stavano preparando ad attaccare, riferendo tutto al *Leutnant* Vermeire: "...*Mon* Lieutnant, *saremo presto attaccati. I partigiani agiranno di notte. Saranno almeno in duecento...*".

Un gruppo di legionari valloni, 1941.

"*...E come lo sai?*", chiese Vermeire.

"*E' semplice. Hanno fatto circolare la voce, che tutte le donne, in una data prevista, devono evacuare il villaggio*".

Dalla metà di novembre, le unità della Legione *Wallonie* furono temporaneamente disperse per essere impegnate in missione di sicurezza nelle retrovie. Il fronte del Donetz sembrava stabilizzato e i Tedeschi avevano stabilito lungo il suo corso la loro linea di resistenza alla vigilia della cattiva stagione, con una serie di punti di appoggio, collegati tra loro da pattuglie. La *Wallonie* ricevette l'ordine di raggiungere le prime linee. Iniziò quindi una nuova marcia, sulla neve, a partire dal 26 novembre. I legionari avevano dei cappotti, ma non avevano dei passamontagna né dei guanti di lana. Marciarono comunque, le armi in spalla e le mani in tasca, con una temperatura che scendeva sempre di più. La marcia si fece sempre più drammatica, aggravata dalle carte inesatte che causarono notevoli ritardi.

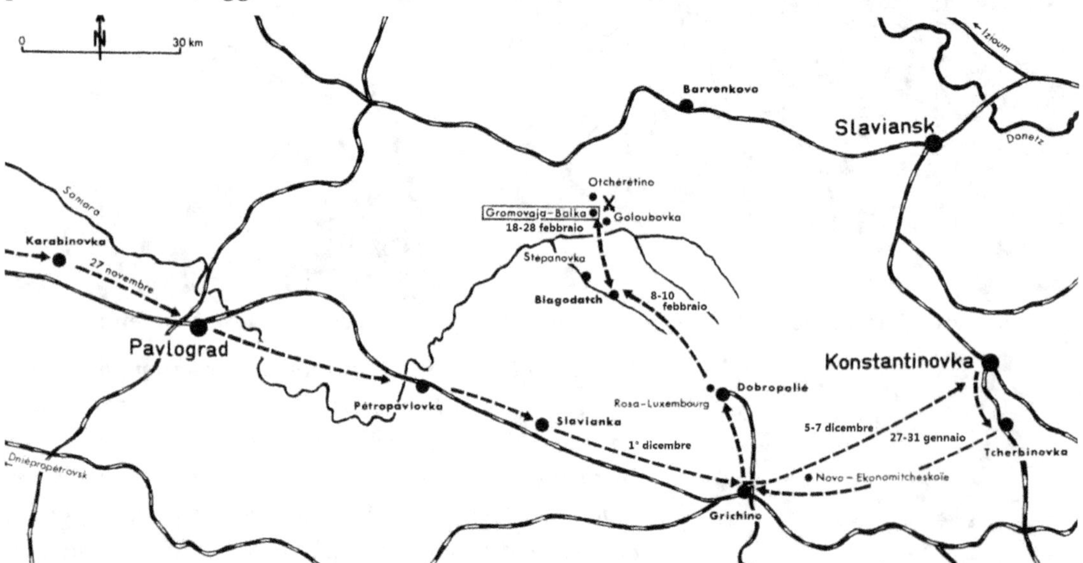

Spostamenti dei reparti della Legione *Wallonie*, tra il novembre del 1941 e il febbraio 1942

Un carro con i rifornimenti, bloccato nel fango.

Furono attraversati i villaggi di Petropavloka, Merchevaja e Slavianka. Ciascuna compagnia iniziò a perdere il collegamento con le altre e così il 1° dicembre, l'*Hauptmann* Tchekhoff giunse a Grichino-Selo, con solo due esploratori della sua compagnia. Poco dopo, giunse il suo aiutante, Pierre Dengis, con una cattiva notizia. L'*Hauptmann* René Dupré, comandante della quarta compagnia, era saltato su una mina. Fu il primo caduto della Legione. A Grichino-Selo i legionari poterono riposarsi un poco poiché la partenza fu rimandata al 5 dicembre: il comandante Jacobs, consigliato dal suo aiutante, l'*Oberleutnant* Lippert, aveva deciso di far partire le compagnie in ordine separato. Le nuove tappe da raggiungere erano Novo-Ekonomitcheskoïe, Alexandrovka, Kostantinovka, ma nessuno si fidava ormai più delle mappe consegnate dal comando germanico.

Fronte russo, dicembre 1941: soldati tedeschi in marcia in mezzo ad una tempesta di neve.

Tcherbinovka, Natale 1941: Léon Degrelle.

I Valloni ripresero a marciare nel bel mezzo di una tormenta di neve. A partire dall'8 dicembre, la temperatura salì, provocando il disgelo: le piste ghiacciate si trasformarono in enorme paludi. I legionari iniziarono così a muoversi in mezzo al fango profondo, che penetrava fin dentro gli stivali. Il 10 dicembre 1941, la Legione fu aggregata alla *101.leichte-Inf.Div.*, agli ordini del *General der Artillerie* Erich Marcks, a sua volta dipendente dal *III.Armee-Korps*. Le terribili condizioni del tempo, l'inadeguato addestramento e la mancanza di equipaggiamento invernale, contribuirono a decimare gli effettivi della Legione. Gli elementi più anziani, una cinquantina in tutto, furono smobilitati e rimpatriati in penose condizioni. Nel frattempo la Legione *Wallonie* si era trasferita a Tcherbinovka, dove stabilì le sue posizioni per l'inverno e dove i legionari passarono il Natale. Si trattava di una grossa città mineraria del bacino del Donetz: in questa triste borgata dove tutto era nero di polvere di carbone, i legionari si sistemarono negli edifici della locale scuola. Per il momento la Legione era in riserva e si era ridotta a circa cinquecento combattenti, senza aver veramente combattuto. Fino a Natale i legionari continuarono ad essere impegnati in compiti di sicurezza nelle retrovie, ma soprattutto i Valloni dovettero combattere contro il freddo: il termometro era sceso a 48 gradi sottozero.

Nuovi comandanti di reparto

L'*Hauptmann* George Tchekhoff.

Dopo la morte dell'*Hauptmann* Dupré, tutti i comandanti di compagnia, ad eccezione di Tchekhoff alla terza, cambiarono. Il *Leutnant* Alfred Lisein assunse il comando della prima, il *Leutnant* Joseph Daulne della seconda e l'*Oberleutnant* Arthur Buydts della quarta. Il comandante Jacobs fu ritenuto incapace di condurre un'unità militare sul campo e fu annunciata la sua sostituzione per la fine dell'anno. Anche il *Leutnant* Leppin, l'ufficiale di collegamento tedesco, su esplicita richiesta di Degrelle, fu allontanato. La sua mancanza di psicologia finì per apparire evidente. Al suo posto giunse l'*Hauptmann* Erich von Lehe, un capitano della riserva. Questo aristocratico originario di Amburgo, ex-bibliotecario, mostrò subito una buona volontà per comprendere che i volontari valloni non erano dei soldati della *Wehrmacht* come tutti gli altri. Nel frattempo, in quella fine dell'anno 1941 nel bacino del Donetz, ogni villaggio si era trasformato in una sorte di punto di appoggio. Ad una quindicina di chilometri sulla destra c'erano i reparti italiani del CSIR e a trentacinque chilometri sulla sinistra c'erano altri reparti tedeschi. Tra i vari villaggi non c'era più niente, solo neve e vento.

Un graduato tedesco, Degrelle, l'*Hauptmann* Pauly e von Lehe.

Legionario vallone.

Il 30 dicembre, arrivò il nuovo comandante, l'*Hauptmann* Pierre Pauly, ufficiale dell'esercito belga nel 3° cacciatori a piedi. Uno sguardo strano dietro i suoi grossi occhiali, i suoi occhi brillavano di intelligenza e di squilibrio allo stesso tempo. Da buon militare, fece riprendere le esercitazioni all'unità. Poi, considerando la scarsità di effettivi, convocò il *Leutnant* Vermeire: "*...Voi siete giornalista, dunque sapete cos'é la propaganda. Voi dovete ritornare in Belgio e portarci dei rinforzi. E' una questione di vita o di morte per la Legione*".

Postazione difensiva tedesca con una *MG-34*.

Fanteria tedesca in marcia su terreno innevato.

Legionari valloni attraversano un fiume ghiacciato.

L'inviato speciale del Pays Réel, anche se non apprezzava particolarmente il soggiorno a Tcherbinovka, non avrebbe voluto lasciare il comando del suo plotone. Anche perché si era appassionato al paesaggio ucraino e sentiva di essere all'inizio della sua carriera di corrispondente di guerra. Voleva protestare, ma con il capitano Pauly gli ordini non si discutevano. Intervenne anche Degrelle, ma non ci fu nulla da fare. Pauly fu chiaro: "*...il battaglione sparirà se, per la fine della primavera, non giungeranno rinforzi...*". Nell'attesa dei rinforzi, i legionari ricevettero l'ordine di scavare trincee e costruire nidi di mitragliatrici: su tutto il fronte, i Sovietici erano passati al contrattacco e i Tedeschi stavano vacillando sotto i colpi inferti dai numerosi rinforzi nemici che stavano giungendo dalla Siberia.

Ordine di battaglia della Legione al gennaio 1942

Comandante: *Hauptmann* Pauly
Stato Maggiore: *Oblt.* Lucien Lippert, *Leutnant* Thys
Servizi medici: *Oblt. Dr.* Silvère Miesse, *Leutnant* Dr. Albert
Ufficiale di collegamento tedesco: *Hauptmann Dr.* Erich von Lehe
1ª compagnia: *Leutnant* Lisein
2ª compagnia: *Leutnant* Daulne
3ª compagnia: *Hptm.* Tchekhoff
4ª compagnia: *Oberleutnant* Arthur Buydts

Gennaio 1942: cavalleria cosacca in movimento.

Gennaio 1942: soldati della Legione *Wallonie* in marcia.

Soldati tedeschi in marcia sulla neve.

Di nuovo in marcia

Verso la metà di gennaio, la forza del Battaglione a causa delle malattie e del freddo scese a circa 320 legionari. I reparti valloni dovevano essere integrati nel *Kampfgruppe Tröger*, comprendente il *I./SS-Inf.Rgt. 'Germania'* della divisione *Wiking*, un Battaglione di fanteria croato, una compagnia esploratori, una dozzina di carri, un gruppo di artiglieria da 105mm e una batteria da 75mm. Il 26 gennaio 1942, la Legione *Wallonie* lasciò Tscherbinovka. Nel bel mezzo di una violenta tempesta di neve, una prima marcia di una ventina di chilometri permise di giungere ad Alexandrovka, dove la Legione rimase trentasei ore in stato di allerta. La situazione sul piano militare appariva sempre più critica: dei reparti cosacchi dell'armata rossa si erano infiltrati ovunque. Il giorno dopo, la marcia riprese. Rapidamente le varie unità si frazionarono a causa dell'ennesima tormenta di neve: tutte le piste erano sparite. I legionari marciavano a piccoli gruppi. Alla fine di gennaio, i legionari giunsero infine a Ekonomitcheskoïe, completamente sommersa dalla neve. Non ci fu tempo per riposare, poiché giunse l'ordine di raggiungere la stazione di Grichino, distante una ventina di chilometri, per poi raggiungere il villaggio di Rosa-Luxemburg. Le tre compagnie della Legione imbarcate a Grichino all'alba, giunsero a notte fonda al villaggio di Rosa-Luxemburg. La posizione era stato riconquistata nel corso della controffensiva invernale sovietica dai reparti nemici, poi era stata rioccupata da quelli tedeschi. Gli abitanti del luogo si dimostravano molto diffidenti verso l'invasore.

Squadra mitraglieri tedesca.

L'8 febbraio 1942, la Legione lasciò il villaggio dopo aver ricevuto nuovi ordini. L'*Hauptmann* Pauly informò i suoi comandanti di compagnia sulla situazione: "*...L'offensiva d'inverno dei Sovietici nel Donetz non era ancora terminata. Certo, erano stati bloccati a sud nella regione del Mius, ma essi erano riusciti a nord, ad occupare Barvenkovo e Konstantinovka. Sono appoggiati dai partigiani. In ogni caso, la situazione resta molto confusa. Sembra che Pavlograd e Grichino siano minacciate dalle forze nemiche. Quanto a noi, dobbiamo ripulire tutta la regione situata a sud del fiume Samara. Saremo alle dipendenze della 100ª divisione leggera del generale Werner Sanne*".

Le compagnie della Legione furono impegnate in modo autonomo in missioni di sicurezza nelle retrovie del fronte. Il 10 febbraio, i valloni giunsero a Blagodatch, appena conquistato dai reparti della *Wiking*. Verso la metà di febbraio, alcuni elementi della Legione raggiunsero le sponde del fiume Samara. Il giorno dopo iniziò il passaggio del fiume. Il nuovo ufficiale di collegamento tedesco, l'*Hauptmann* von Lehe, trasmise all'*Hauptmann* Pauly i nuovi ordini per la Legione: "*...andremo a far parte del* Kampfgruppe *del colonnello Tröger. L'unità comprende anche il I° battaglione del reggimento SS* Germania *agli ordini dello* Sturmbannführer *Dieckmann, un battaglione di fanteria croato, una compagnia esploratori, un gruppo di artiglieria con cannoni da 105mm, una batteria di obici di fanteria da 75 mm e una dozzina di carri. Una squadriglia di* Stukas *ci assicurerà la copertura aerea*".

"*Se il tempo lo permette!*", grugnì l'*Hauptmann* Pauly.

"*Ben inteso. Ma in questo momento, tutti gli aerei possono volare*", replicò von Lehe.

"*Ma sono soprattutto degli aerei sovietici che vediamo nel cielo*", constatò il *Leutnant* Thys.

L'11 febbraio 1942, per meriti sul campo, Léon Degrelle fu promosso al grado di *Gefreiter* (caporale). Il 15 febbraio, a Nikolajewka, dove si trovava la 1ª compagnia del *Leutnant* Lisein, fu dato di nuovo l'allarme: "*Attenzione! i 'Rata'*". Gli aerei sovietici apparvero e attaccarono. I proiettili squarciarono la neve. Un gran caos si impadronì della colonna dei Legionari. Dei cavalli iniziarono a scalpitare, facendo rovesciare dei carri. Improvvisamente si udì un grido di dolore. Un uomo era a terra, nei pressi di un carretto rovesciato. "*Lo Chef è ferito!*", urlò uno dei legionari. Il caporale Léon Degrelle era finito con un piede sotto la ruota di un carretto. Pur ferito, decise di restare con i suoi uomini, dopo essersi fatto medicare alla meglio. La sua tempra impressionava tutti, anche quelli che non erano militanti del suo movimento Rex.

Note

(1) Léon Degrelle, "*Fronte dell'Est*", Sentinella d'Italia, pagina 27.

(2) Léon Degrelle, "*Fronte dell'Est*", Sentinella d'Italia, pagina 33.

Una squadra mortai prepara il suo pezzo.

Un soldato in posizione con la sua *MG-34*.

Artiglieria tedesca impegnata sul fronte dell'Est.

Gromowaja-Balka

Il 17 febbraio 1942, il *Kampfgruppe Tröger* fu trasferito nell'area di Stepanovka per rinforzare le posizioni della *100.leichte Infanterie-Division* del Generale Sanne. Nel frattempo, le forze tedesche furono impegnate in duri combattimenti contro le avanguardie nemiche a nord del fiume Samara. Le *Waffen SS* del reggimento '*Germania*' combattevano all'avanguardia delle forze del *Reich*, in questa regione dove si stava per sviluppare una battaglia decisiva. Subito dietro di loro, i valloni dovevano colmare le brecce che i Sovietici erano riusciti a creare nel corso dell'inverno. Di nuovo raggruppata, la legione *Wallonie* doveva occupare ora un villaggio situato a circa otto chilometri a nord del fiume Samara, Gromowaja-Balka. Dei tiri di artiglieria nemica salutarono l'arrivo dei Valloni a Gromowaja-Balka, facendo subito delle vittime. A tre o quattro chilometri più a nord, i reparti del '*Germania*' erano sul punto di conquistare il villaggio di Otcheretino. Il villaggio di Gromowaja-Balka era situato sul bordo di un ruscello sul fondo di una valle orientata est-ovest. Le case erano disposte lungo una strada per circa un chilometro. Questa strada era in realtà una vera palude, larga un centinaio di metri ed in quel momento completamente gelata. Al centro del villaggio, una strada tagliava ad angolo retto l'arteria principale. Si contavano una trentina di case fatte di fango o di legno, molto distanti tra loro. Le due piste che si incrociavano nel villaggio non erano in realtà che delle strisce di terra fangosa. Il comandante Pauly ripartì subito le sue unità: la prima compagnia del *Leutnant* Lisein fu posta a difesa della parte nord-occidentale, la terza dell'*Hauptmann* Tchekhoff la parte occidentale, con un punto d'appoggio isolato difeso dal plotone Ruelle a cinquecento metri più lontano. La seconda del *Leutnant* Daulne occupò le isbe situate a nord. La parte sud-orientale fu assegnata alla quarta compagnia del *Leutnant* Buydts. Trattandosi di una unità di appoggio del battaglione, questi doveva ripartire le sue mitragliatrici e i suoi mortai in rinforzo alle tre compagnie fucilieri.

Un pezzo anticarro *Pak 36* da 37mm

Un cannone leggero di fanteria, *le.IG.18* da 75mm.

L'*Oberleutnant* Lucien Lippert

L'artiglieria sovietica non aveva cessato di colpire il villaggio. A circa un chilometro a sud di Gromowaja-Balka, una batteria tedesca da 150 mm, aveva ingaggiato un duello a distanza con una batteria di artiglieria sovietica, ma questo non servì ad allentare il fuoco sulle posizioni valloni: si contavano già decine di feriti e qualche caduto. Tra i caduti anche Fernand Missio, un italiano emigrato a Liegi. Vecchio fascista, aveva partecipato alla marcia su Roma e questo gli dava un certo prestigio presso i Rexisti. Dopo aver combattuto in Eritrea, questa 'Camicia Nera' era venuto a lavorare in Belgio e fu tra i primi volontari della Legione(1). Qualche giorno dopo, i comandanti di compagnia ricevettero l'ordine di lanciare delle pattuglie in avanscoperta: dei piccoli gruppi formati da un sottufficiale e da quattro legionari, partirono con il buio e il freddo. Per non perdersi e restare uniti, i legionari dovevano tenersi legati l'uno all'altro con delle corde. Nel frattempo, il comandante Pauly aveva rifiutato di essere rinforzato da una compagnia tedesca e arrivò a chiedere anche il ritiro della batteria di artiglieria da Gromowaja-Balka. L'*Hauptmann* Tchekhoff, istigato dall'*Hauptmann* von Lehe, gli inviò una protesta scritta. Il comandante vallone reagì ordinando a Tchekhoff di rimettere il comando della sua compagnia al *Leutnant* Thys, ufficiale di ordinanza del battaglione. L'ufficiale russo doveva subito dopo recarsi a Grichino per recuperare il *'Tross'*, il treno logistico, e dirigerlo su Novo-Andrevka. Il *Leutnant* Hénier, già comandante di plotone nella terza compagnia, diventò così ufficiale di ordinanza della *Wallonie*.

Carri sovietici muovono all'attacco.

Un pezzo anticarro tedesco da 37mm.

Una *MG-34* pronta a fare fuoco.

In dieci giorni e senza combattere, dal loro arrivo a Gromowaja-Balka, i Valloni lamentavano già nove caduti e quarantacinque feriti. I feriti leggeri restarono presso il posto di soccorso del battaglione o ancora presso le loro unità, a cominciare dal caporale Degrelle. Gli effettivi si erano ormai ridotti ad un mezzo migliaio di uomini, compreso il personale dei reparti non combattenti. C'era qualche artigliere tedesco insieme ai legionari valloni che dovevano servire i due cannoni di fanteria da 75 mm, mentre il plotone di volontari croati era rimasto con due *Pak* da 37 mm. L'*Oberleutnant* Lippert, artigliere nell'esercito belga, non riponeva troppa fiducia in queste armi: "*...questi pezzi anticarro sono totalmente superati,* Monsieur le Commandant. *Possono al massimo graffiare la corazza dei T-34 sovietici*", disse all'*Hauptmann* Pauly. Questi non rispose, pensava a ciò che gli aveva detto l'*Oberstleutnant* Tröger, comandante del *Kampfgruppe* al quale era aggregata la Legione: "*...Dovete tenere la posizione almeno per venti minuti prima dell'arrivo dei* panzer *e degli* Stukas".

I Sovietici attaccano

Il 28 febbraio 1942, verso le 5:30, il legionario Charles Grisay, che aveva da poco iniziato il suo turno di guardia, allertò l'*Oberfeldwebel* Jules Mathieu, suo comandante di plotone in seno alla prima compagnia: "*...si direbbe che c'é movimento davanti a noi*".

"*Avete forse visto dei Sovietici?*"

"*Non lo so, è troppo buio, ma vedo uomini in movimento ovunque*".

"*Vado agli avamposti*", decise Mathieu.

Accompagnato da un altro soldato, giunse sulle posizioni avanzate quando iniziò ad albeggiare. Nello stesso momento videro dei fanti sovietici, a ranghi serrati, dirigersi verso di loro. Ebbe solo il tempo di ordinare alla sua staffetta portaordini: "*...Avvisa tutti di* *prendere posizione, il nemico ci sta attaccando!*". La staffetta si precipitò indietro e risvegliò i suoi camerati che tentavano di dormire, rintanati nella stessa isba. In un istante, una trentina di Valloni uscirono fuori con le armi in pugno. I Sovietici erano migliaia e davano un'impressione di massa irresistibile: due reggimenti sovietici, quasi seimila soldati appoggiati da una formazione corazzata forte di quattordici carri si lanciarono all'assalto. I cinquecento Valloni a Gromowaja-Balka rischiavano di essere totalmente sommersi.

Un pezzo anticarro da 37mm in azione.

Fanteria sovietica all'assalto.

Dentro una buca, in attesa dell'attacco.

Fanti sovietici attaccano.

Nello stesso tempo, un vero diluvio di fuoco si abbatté sulle posizioni della *Wallonie*. Entrarono allora in azione i pezzi da 37mm croati e i mortai da 80 mm dei Valloni. I primi tiri andarono corti, poi l'alzo fu regolato e gli attaccanti iniziarono a subire perdite. Il muro umano continuò tuttavia ad avanzare. Nelle loro buche, mitraglieri e fucilieri valloni avevano ricevuto l'ordine di aprire il fuoco solo all'ultimo momento. I Borgognoni videro l'avvicinarsi minaccioso di alcuni *T-34* sulla neve: i carri nemici non tardarono ad aprire il fuoco, colpendo subito una posizione di mortai dei Valloni. L'*Oberfeldwebel* Mathieu si vide costretto a far ripiegare i suoi uomini verso le prime isbe del villaggio, per organizzare una difesa più solida. I fanti sovietici erano ora a una cinquantina di metri dalle posizioni dei Valloni, quindi giunse l'ordine di aprire il fuoco. Le prime file degli attaccanti furono falciate di netto. Ma altri fanti nemici apparvero, saltando sopra i cadaveri dei loro compagni, attaccando le posizioni dei Valloni pietrificati dal freddo e dalla paura. Seguirono furiosi scontri corpo a corpo nel villaggio, dove ciascuna isba, fu persa e riconquistata più volte.

Una squadra mitraglieri muove all'attacco.

In quella tragica mattina del 28 febbraio, alcuni elementi del reggimento SS *Germania* giunsero a Gromowaja-Balka: erano i sopravvissuti della battaglia di Otcheterino. Il comandante Pauly era deciso a mantenere la posizione, come da ordini ricevuti. L'artiglieria tedesca, che si trovava a cinque sei chilometri più indietro, non aveva tardato ad aprire il fuoco. I pezzi sovietici avevano risposto, ingaggiando battaglia. Molto rapidamente, si perse il collegamento con il plotone Ruelle della terza compagnia, dislocato sulla strada di Bessabotovka. Questi legionari erano destinati ad essere travolti come i soldati del reggimento '*Germania*'. Tuttavia riuscirono a tenere. Totalmente circondati, i soldati della *Wiking* furono recuperati miracolosamente dieci ore dopo l'inizio della battaglia a Gromowaja-Balka e dopo aver subito pesanti perdite.

Soldati sovietici durante l'attacco al villaggio.

La posizione di Gromowaja-Balka era protetta a nord, da campi minati. Questi furono individuati dalle pattuglie nemiche, poiché i Sovietici si lanciarono in un vasto movimento aggirante da ovest. Il comandante Pauly sapeva che il punto debole della sua difesa era la seconda compagnia del *Leutnant* Daulne, dislocata a nord. Questa unità aveva già sofferto molto durante i bombardamenti dell'artiglieria e aveva perso uno dei suoi comandanti di plotone, l'*Oberfeldwebel* Godsdeel, gravemente ferito ed evacuato. Fortunatamente c'erano ancora due solidi comandanti di plotone, Brasseur e Nicolas.

Un gruppo di soldati valloni lanciati al contrattacco.

Quanto al comandante di compagnia, mancava di esperienza di combattimento, anche se sapeva ben guidare i suoi giovani legionari. La seconda compagnia era stata rinforzata da un plotone della compagnia mitraglieri agli ordini dell'*Oberfeldwebel* Bosquion, un sottufficiale di carriera ed uno dei graduati più capaci di tutta la Legione. Poco dopo, cadde in combattimento anche l'*Oberfeldwebel* Brasseur. Il plotone Closset della prima compagnia intervenne in aiuto della seconda compagnia, sommersa dall'ala sinistra dell'attacco nemico e riuscì per qualche istante a frenare l'avanzata dei Sovietici.

Una postazione difensiva con una *MG-34*.

Un mortaio da 80mm in azione, febbraio 1942.

Soldati sovietici con una mitragliatrice *Maxim*.

Soldati ripiegano sotto il fuoco nemico.

Un ufficiale, con la pistola mitragliatrice in pugno, apparve improvvisamente nei pressi del posto di comando della Legione: "*...Io, vado, monsieur* le Commandeur*!*", gridò al suo comandante. Lo stesso ufficiale raggruppò tutti gli uomini che gli capitarono a tiro. Quella mattina, il Dottor Miesse era ben deciso a battersi al comando di un gruppo d'assalto di fanteria. Era necessario respingere gli attaccanti per potersi dedicare poi alla cura dei feriti che non cessavano di affluire, per dare una mano al dottore Jacquemin e al suo aiutante, il dottore Albert.

"*Va bene, fate quello che potete*", disse l'*Hauptmann* Pauly.

Il giovane chirurgo lanciò un contrattacco con una ferocia inaudita tanto da guadagnarsi l'ammirazione dei militanti rexisti. Nel frattempo, tutta la seconda compagnia aveva ripiegato poco alla volta a sud del vallone. Un nuovo agente di collegamento giunse al posto di comando del battaglione.

"*Monsieur le Commandeur, l'*Oberfeldwebel *Nicolas è rimasto ucciso in combattimento*".

Non c'era più un solo comandante di plotone nella seconda compagnia. Dei piccoli gruppi si formarono sotto la guida di sergenti e caporali che presero l'iniziativa, sotto il fuoco nemico. L'*Hauptmann* Pauly inviò delle staffette portaordini ai posti di comando delle sue quattro compagnie impegnate, per tentare di valutare la situazione. La staffetta Jean Poucet si avviò di corsa verso il posto di comando del *Leutnant* Lisein. Arrivato in mezzo alla palude gelata, che rappresentava la strada del villaggio, cadde e non si rialzò più.

Una *MG-34* apre il fuoco contro la fanteria nemica.

Un carro sovietico penetra nel villaggio in fiamme.

Una *MG-34* impegnata a fornire fuoco di appoggio.

Il legionario Ladrière fu mandato nella stessa direzione. Lungo la strada, trovò il corpo senza vita di Poucet. Subito dopo, finì sotto il fuoco di una mitragliatrice *Maxim* e fu costretto a proseguire strisciando per terra. Riuscì alla fine a raggiungere il posto di comando della prima compagnia, consegnò il suo messaggio, ne prese un altro di risposta e si apprestò a tornare indietro. Ladrière decise di fare un altra strada per il ritorno. Alla periferia del villaggio, vide un uomo in uniforme *feldgrau*, tutto solo, in mezzo alla steppa innevata. Era l'ultimo superstite del battaglione SS '*Germania*' di Otcheretino, senza cappotto e quasi congelato. Ladrière riuscì a portarlo in salvo e a trasportarlo al posto di soccorso della Legione. Un carro lanciafiamme sovietico intanto avanzò verso il villaggio, dando fuoco a tutte le isbe, una dopo l'altra. I legionari non avevano alcuna arma per poterlo fermare. Dopo aver dato fuoco a quattro-cinque isbe, il carro esaurì la sua riserva di carburante e dovette tornare indietro. La fanteria sovietica continuò a investire il villaggio: si combatteva ora in mezzo alle fiamme. I Valloni aprirono il fuoco con tutte le loro armi, non erano ancora a corto di munizioni. Alle otto del mattino, la situazione sull'ala sinistra del battaglione si fece molto critica. Si contavano già venticinque caduti solo alla seconda compagnia, senza contare un numero uguale di feriti. L'unità già molto provata, aveva cessato praticamente di esistere. I superstiti tentarono di raggiungere l'*Oberfeldwebel* Bosquion, che resisteva ancora con il suo plotone mitraglieri, mentre a nord-ovest delle posizioni tenute dalla Legione *Wallonie*, le rovine del *kolkhoz* erano cadute nelle mani dei Sovietici. Senza sosta, i mortai da 80 e le mitragliatrici della quarta compagnia intervennero per tentare di appoggiare con il loro fuoco i loro camerati.

Una *MG-34* in agguato, dietro ai cespugli.

Fanti sovietici all'attacco.

Un cannone leggero di fanteria impegnato in battaglia.

Una formazione di *T-34* durante l'attacco ad un villaggio.

L'*Oberleutnant* Buydts, un veterano della guerra del 14-18, si muoveva senza sosta, spostandosi da un pezzo all'altro. Improvvisamente, si accasciò al suolo, colpito a morte, mentre trasportava lui stesso una mitragliatrice. Nel villaggio di Gromowaja-Balka i combattimenti proseguivano intanto sempre isba per isba. Raffiche ed esplosioni si susseguivano con un ritmo infernale. Verso le 8:30 del mattino, la prima compagnia si ritrovò attaccata alle spalle a causa del ripiegamento della seconda. Il *Leutnant* Lisein, avvocato rexista, mostrava di non avere la situazione in mano. Fortunatamente per lui, c'erano ancora dei buoni comandanti di plotone, come gli *Oberfeldwebel* Closset e Mathieu, a guidare i suoi uomini. E così, i legionari della prima compagnia ripiegarono ordinatamente, ciascun gruppo coprì il ripiegamento dell'altro. La battaglia per l'inferno di 'Gromo', si frazionò in tutta una serie di avventure personali che i ' fortunati' superstiti non dimenticarono più. Dei legionari della prima compagnia avevano trasformato un'isba in un fortino e attendevano l'assalto nemico: un carro sovietico, giunto a meno di cento metri di distanza sulla loro sinistra, aprì il fuoco. Il tetto di paglia si infiammò e i muri crollarono. I Valloni, ricoperti dai detriti, dovettero ripiegare verso un'altra posizione.

Una *MG-34* tra le rovine di un'isba.

Un *T-34* colpito dall'artiglieria tedesca.

I fanti sovietici, appoggiati dal fuoco del *T-34*, avanzarono ancora. I carri sovietici incalzarono i legionari in fuga, tentando di schiacciarli sotto i loro cingoli. Un giovane tenente tedesco appartenente alla batteria di artiglieria a sud-est del villaggio, perse metà del suo braccio sinistro dopo essere stato colpito da una pallottola esplosiva. Egli continuò tuttavia a comandare i suoi uomini e recuperare i serventi di un cannone da 75 mm. Il pezzo tentò di colpire i *T-34* con tiri diretti, ma i suoi proiettili non erano fatti per penetrare la corazza dei carri e niente sembrava arrestare la progressione dei carri sovietici che ora puntavano sulle posizioni delle due compagnie Daulne e Lisein. Il tenente artigliere tedesco, aveva perso troppo sangue e finì per spirare accanto al suo cannone da 75 mm. Il legionario Serge Smolensky si precipitò verso il cannone. "*...Vi posso aiutare?*", disse ai Tedeschi. "*Tu sei artigliere?*", chiesero: "*...Colonnello dell'artiglieria dello Zar, signori*". E si fece ammazzare anche lui accanto allo stesso pezzo. Tuttavia i *T-34* sembravano a corto di munizioni. I Valloni videro allora numerosi carretti dirigersi verso i carri nemici per rifornirli. Il sergente François Daras e Raymond Lemaire misero in posizione una *MG-34* tra le rovine di un'isba. Qualche fuciliere si unì a loro, con i *Mauser* in pugno. Tutti iniziarono così a sparare, mirando soprattutto ai cavalli per bloccare il convoglio nemico. Dei soldati sovietici tentarono allora di spingere i carretti a mano, ma finirono anch'essi sotto il fuoco dei Valloni. Con brevi raffiche, la mitragliatrice di Lemaire li bloccò nel loro slancio. Allora furono i *T-34* a dirigersi verso ciò che restava del convoglio dei rifornimenti. Subito dopo, un *T-34* individuò il piccolo gruppo del sergente Daras e aprì il fuoco. Il sottufficiale e i suoi uomini non ebbero il tempo di fuggire, dopo che la loro posizione fu colpita da almeno una mezza dozzina di proiettili.

Una *MG-34* montata su treppiede.

I Valloni ripiegarono tossendo, arrancando e implorando...Il piccolo gruppo del sergente Daras riuscì a trovare rifugio in un'altra isba per continuare a battersi. I carri sovietici dopo essersi riforniti, ripresero a tirare. Il giovane Yves Lefèvre, di soli diciassette anni, aveva il ventre aperto da una ferita. Con le due mani pressate sulla sua orribile ferita, chiamò i suoi camerati che si battevano ancora a pochi metri da lui. Il poveretto soffriva terribilmente. "*Aiutatemi!*", supplicava. "...*Venite a prendermi, presto!*". Le pallottole fischiavano dappertutto. Spostarsi su terreno aperto per trasportare feriti significava rischiare la pelle. Tutti si trattenevano. "*Io vado...*", disse un Borgognone uscendo fuori dal suo riparo. Era Guy Lefèvre, il fratello di Yves. Riuscì ad arrivare fino al fratello e lo prese tra le sue braccia. Trasportato al posto di soccorso, il giovane volontario sopravvisse solo per qualche ora. Ovunque c'erano dei cadaveri, bloccati dal gelo nella posizione dove la morte li aveva raggiunti. Non lontano di là, un altro legionario vallone era rimasto ferito: aveva le ginocchia fracassate. Due camerati tentarono di portarlo fino al posto di soccorso. Le pallottole e le schegge sibilavano, più mortali che mai. "...*Lasciatemi*", ripeteva. "...*Vi farete uccidere*". "*Ti tireremo fuori, Marcel!*". "...*Vi dico che vi farete soprattutto uccidere. Abbandonatemi qui. E' meglio che muoia solo uno che tre!*". I tre volontari valloni proseguirono la loro corsa sotto il fuoco nemico, trascinando il ferito: dopo un mese di ospedale, il legionario Marcel ritornò a marciare con i suoi camerati.

Fanteria sovietica all'assalto e in difesa.

Disperati contrattacchi

Nel frattempo la situazione continuava a farsi sempre più critica. Un contrattacco spontaneo fu lanciato da un semplice legionario, Hubert Van Eyser, chiamato a giocare un ruolo eroico in seno alla Legione, fino a quando cadde sul campo all'inizio della battaglia nella sacca di Korsun nel 1944. Il comandante Pauly decise di lanciare un primo contrattacco organizzato.

Degrelle e Pauly impegnati a guidare la battaglia.

Bombardieri in picchiata *Ju 87 'Stuka'* in volo, 1942.

Sapeva di poter contare sull'appoggio delle mitragliatrici dell'*Oberfeldwebel* Bosquion e sperava di poter salvare tutta la Legione dall'inferno di 'Gromo'. Alcuni gruppi di Valloni riuscirono a riconquistare alcune isbe, ma furono subito ricacciati verso il centro del villaggio dove si trovava poco prima il posto di comando dell'*Oberleutnant* Buydts. I quattordici carri e il migliaio di fanti dei due reggimenti sovietici lanciati all'assalto di Gromowaja-Balka erano sul punto di travolgere i difensori. Dietro i Borgognoni non c'era più niente verso sud, tranne una pianura completamente ghiacciata dove sarebbero stati abbattuti senza pietà. La situazione continuava ad aggravarsi. Verso le 11:00 del mattino, i difensori di Gromowaja-Balka dovettero ripiegare fino ai bordi del posto di comando del battaglione, poco prima dell'incrocio centrale. Poco distante, nel suo posto di soccorso, il Dottor Jacquemin, continuava a curare i feriti che giungevano sempre più numerosi. Mentre il suo collega, il Dottor Miesse si batteva al comando di un gruppo d'assalto, lui continuò a fare il suo lavoro da chirurgo. Pauly ordinò di lanciare un secondo contrattacco al *Leutnant* Thys, subentrato al comando della terza compagnia pochi giorni prima: i Valloni attaccarono come una vera furia. I Sovietici vedendo che i Valloni iniziavano a riprendere il terreno perduto, lanciarono un nuovo assalto. Davanti a quella nuova fiumana di fanti nemici, i legionari dovettero nuovamente ripiegare, isba dopo isba. Era ormai chiaro che la Legione non avrebbe potuto tenere a lungo. I Sovietici ripresero ad avanzare. I Valloni, con la morte nell'anima, dovettero abbandonare anche il piccolo cimitero dove riposavano una decina dei loro camerati, vittime dei bombardamenti dei giorni precedenti. Durante il ripiegamento cadde anche il *Leutnant*

Thys, colpito da una scheggia, non molto lontano dal posto di comando del battaglione. Il *Leutnant* Henier, ufficiale di ordinanza, stanco di restare inattivo impugnò un'arma e si precipitò fuori dal posto di comando e dopo aver trovato lungo il cammino il cadavere del *Leutnant* Thys, corse ad assumere il comando dei superstiti della terza compagnia. Pochi minuti dopo, rimase ferito gravemente, colpito da una pallottola al polmone destro.

Pezzo anticarro da 37mm in battaglia, 1942.

Attacco di carri e fanteria sovietici, 1942.

Un soldato tra le isbe in fiamme.

Appiattiti a terra, per evitare il fuoco nemico…

Improvvisamente si udì un rombo proveniente dall'alto: erano tre *Stukas*. I Borgognoni gridarono dalla gioia. Credevano di essere ormai salvi. Ma i bombardieri in picchiata tedeschi, impegnati a colpire le posizioni dell'artiglieria sovietica a Andreïvka, non potevano per il momento appoggiare gli uomini della *Wallonie* nel riprendere le posizioni perse una seconda volta. Verso mezzogiorno, l'*Hauptmann* Pauly si vide costretto a spostare il posto di comando del battaglione, che rischiava di essere sommerso da un momento all'altro. La situazione sull'ala sinistra era diventata catastrofica: dall'inizio dei combattimenti, la seconda compagnia era stata travolta e la prima compagnia aveva ormai perso tutte le sue posizioni a nord del vallone. Restavano solo un pugno di legionari ancora in grado di battersi, che si erano raggruppati intorno alle posizioni della batteria degli artiglieri tedeschi, a sud-est del villaggio. I tre quarti di Gromowaja-Balka erano ormai nelle mani dei

Sovietici. Questi ultimi però erano rimasti a corto di munizioni. L'*Hauptmann* Pauly sentiva che il nemico fosse in difficoltà. Allora recuperò uno dei più vecchi graduati per tentare di riprendere l'iniziativa, l'*Oberfeldwebel* Léon Dupont, una figura pittoresca della Legione che era stato un virulento agitatore comunista e che era venuto in Russia per vedere da vicino il paradiso sovietico. E lo aveva visto, dopodiché era diventato il più fanatico antibolscevico di tutta la Legione. Il comandante avvertì poi l'*Oberleutnant* Lippert e l'*Hauptmann* tedesco von Lehe: "...*Vado io stesso a condurre il contrattacco*".

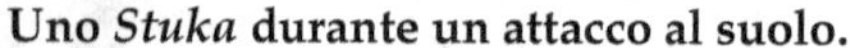

Uno *Stuka* durante un attacco al suolo.

Fanteria e blindati sovietici all'assalto.

Soldati sovietici in combattimento.

L'*Hauptmann* Pauly recuperò tutti gli uomini possibili, segretari, cuochi, telefonisti, formando un gruppo d'assalto. Il caporale Degrelle, sempre con la caviglia ferita, non si sottrasse a una tale avventura. Per una delle ultime volte nella storia della Legione *Wallonie,* dei volontari attaccarono lanciando il vecchio grido delle riunioni politiche anteguerra: "...*Rex vaincra!*". E un altro grido risuonò subito dopo, che diventerà inseparabile da tutti gli assalti lanciati dai volontari valloni: "...*En avant, Bourguignons!*". I legionari avanzarono di isba in isba, correndo, tirando e gridando. Numerosi graduati erano caduti e furono dei semplici soldati, che guidarono il contrattacco. La prima compagnia riconquistò di nuovo le sue posizioni. I legionari superarono i corpi dei loro camerati caduti, stesi sulla neve. Il contrattacco permise di recuperare i due legionari feriti che si erano finti morti al nemico. Nel pomeriggio, di fronte al contrattacco dei Valloni, i soldati sovietici si raggrupparono intorno ai loro carri *T-34* e si stavano preparando a cacciare definitivamente i loro nemici fuori dalle rovine di Gromowaja-Balka. I legionari udirono subito dopo delle urla che ghiacciarono loro il cuore, annunciando l'ultimo assalto: "*...Hurra Pobieda! Hurra Pobieda!*". Nello stesso tempo, si udì da lontano il rombo di numerosi aerei in avvicinamento. "*Tacete, ascoltate*", ordinarono i graduati. I trecento valloni superstiti tesero le orecchie. Subito riconobbero il rombo caratteristico dei motori tedeschi. "*...Sono gli* Stukas*! Siamo salvi!*". Il rombo di quei motori riempì il cielo. Gli aerei si misero in formazione d'attacco e si lanciarono in picchiata, uno dopo l'altro, sulle posizioni sovietiche, facendo urlare le loro sirene.

Una formazione di *Stukas* in volo, inverno 1942.

Un *T-34* colpito e distrutto, 1942.

Degrelle con la Croce di Ferro di Seconda Classe.

Le prime bombe esplosero. Folli per la gioia, i Valloni iniziarono a ballare sulla neve e ad abbracciarsi. I Sovietici avevano riconosciuto negli *Stukas* il più terribile dei loro nemici ed anche il più efficace. I proiettili esplosero in mezzo alle masse di fanteria e ai carri raggruppati alla periferia di Gromowaja-Balka....Tra le folate di neve che si levavano dopo ogni esplosione, si distinguevano a occhio nudo, proiettati in tutte le direzioni, dei corpi, delle braccia, delle gambe, delle teste...Uno dopo l'altro, i carri esplosero e bruciarono, levando gigantesche fiamme rosse e immense nuvole di fumo nero. La morte arrivava dal cielo. Dopo l'attacco degli *Stukas*, i Sovietici si ricompattarono e ripresero ad attaccare con l'appoggio dei carri rimasti, minacciando ancora una volta di travolgere le posizioni difese dai Valloni, nella zona sud-orientale del villaggio. Un nuovo rombo di motori annunciò l'arrivo di alcuni *Panzer* tedeschi, accompagnati da reparti di fanteria. Il comandante Pauly decise un ultimo e audace contrattacco.

2 marzo 1942: Degrelle riceve dal generale Werner Otto Sanne, la Croce di Ferro di Seconda Classe per essersi distinto durante i combattimenti a Gromowaja-Balka. Nella foto in alto, si intravede anche il comandante Pauly.

"...*En avant, Bourguignons!*", urlò Degrelle. Con uno slancio formidabile, i legionari ripresero le rovine del villaggio. Dopo aver superato anche le ultime isbe, si lanciarono all'inseguimento dei Sovietici che stavano ripiegando in disordine, facendo numerosi prigionieri. Alla fine della battaglia, l'*Hauptmann* Pauly fece venire Léon Degrelle e gli disse: "...*Chef, vi nomino* Oberfeldwebel *per il vostro coraggio in combattimento*".

Ascoltiamo la testimonianza di Degrelle su questi ultimi combattimenti(2): "...*Dopo aver effettuato il loro assalto provvidenziale, gli* Stukas *tedeschi erano ripartiti. I Sovietici si raggrupparono, i loro carri armati si rimisero in marcia. Tutto era da ricominciare. Eravamo impotenti contro quei carri. In quel tempo, il* 'Panzerfaust' *non esisteva ancora. Non avevamo cannoni* Pak. *Non disponevamo neanche di mine. Fin dall'inizio di quel combattimento impossibile, la 100ª divisione tedesca, dalla quale dipendevamo tatticamente, ci aveva annunciato l'invio di soccorsi. Una colonna di panzer era salita verso Gromowaja-Balka. Ma era stata intercettata da una colonna di carri armai sovietici che avevano ingaggiato battaglia nella steppa da parecchie ore. Dei rinforzi di fanteria erano pure stati bloccati nella zuffa. I nostri uomini dovettero proprio accettare di nuovo il combattimento difensivo, isba per isba, granaio per granaio, scarpata per scarpata. Alle tre del pomeriggio, furono messi alle strette nelle ultimissime case e in un ciliegeto, a sud-est del villaggio. Se si fossero lasciati espellere da quegli ultimi ridotti, sarebbero stati gettati nella steppa, piatta, senza un cespuglio, la cui neve spessa si estendeva per leghe. Bisognava reagire per non essere spinti a quegli estremi fatali. Il comandante, il capitano Pauly, raccolse i resti di tutta la compagnia e, una bomba in mano, si gettò per primo al contrattacco lanciando il nostro* *vecchio grido: '...*Rex vincerà!*'. Tutto ciò che restava di valido nel battaglione lo seguì, compresi gli armaioli, i cuochi, le staffette, i carrettieri. Fu una mischia frenetica. Ci si uccideva perfino all'interno delle case. Ci si fracassava la testa a bruciapelo a colpi di rivoltella, tra i battenti delle porte. I carri armati russi, che erano a corto di proiettili, correvano dappertutto per cercare di schiacciare i nostri soldati. Ma costoro balzavano di isba in isba. I fanti sovietici, fuori di sé ed estenuati, tentennarono e incominciarono a cedere terreno. Sul più forte del corpo a corpo, dei rinforzi tedeschi di fanteria, comparvero sulla neve a ovest. Lo scompiglio nemico divenne allora completo. Per la terza volta, il villaggio fu ripreso. I carri armati rossi si diedero ancora, per qualche tempo, alla caccia all'uomo. Ma i nostri panzer, vincitori della battaglia nella steppa, si stagliarono a loro volta sul poggio. Mezz'ora dopo, i carri e la fanteria sovietici erano scomparsi nella neve azzurra del nord-est. La sera stava per calare. Eravamo i padroni. Settecento cadaveri di Rossi giacevano nella neve, sul ghiaccio degli stagni, vicino alle rovine delle case. Ma duecentocinquanta nostri camerati erano caduti, uccisi o feriti, durante quelle dodici ore di furia...*".

Blagodatch, 13 marzo 1942: il generale Sanne consegna le decorazioni ai volontari valloni che si erano distinti nei combattimenti difensivi a Gromowaja-Balka.

Un triste bilancio

Nella serata del 28 febbraio 1942, i superstiti della Legione *Wallonie* non avevano ancora realizzato di essere sfuggiti alla morte. Quando i comandanti di plotone fecero l'appello e fecero rapporto ai comandanti di compagnia, il bilancio delle perdite si rivelò terribile: i Borgognoni avevano perso a Gromowaja-Balka, 65 caduti e 110 feriti. Numerosi feriti leggeri, dopo essere stati medicati, avevano preferito restare con i loro camerati. Appena si fece notte, i legionari furono rilevati da reparti tedeschi. All'inizio della mattinata, l'attacco sovietico riprese, con i fanti nemici sempre accompagnati dai carri. I Tedeschi che avevano rilevato i Valloni, senza pezzi anticarro, dovettero ripiegare sulla cresta a sud del villaggio. Nella serata del 4 marzo, i legionari furono diretti verso il villaggio di Blagodatch. Dopo essere stato promosso *Oberfeldwebel*, Léon Degrelle lasciò la prima compagnia per lo stato maggiore del battaglione. La Legione *Wallonie* fu citata nell'ordine del giorno della *100.leichte Infanterie-Division*. Nel corso di una cerimonia ufficiale a Blagodatch, il 13 marzo 1942, il generale Sanne, consegnò ai Valloni ben trentasette Croci di Ferro di Seconda Classe.

Note

(1) J.Mabire, "*Légion Wallonie au front de l'Est 1941-1944*", Presses de la Cité.

(2) Léon Degrelle, "*Fronte dell'Est*", Sentinella d'Italia, pagine 72, 73 e 74.

Riorganizzazione

Un gruppo di volontari valloni, 1942.

A causa della mancanza di effettivi, il Comandante Pauly decise allora di sciogliere la seconda compagnia e di ripartire i suoi superstiti tra le altre compagnie. Vittima di una bronchite contratta a Gromowaja-Balka, il *Leutnant* Lisein lasciò l'unità e fu rimpiazzato alla guida della prima compagnia dall'*Oberfeldwebel* Jules Mathieu. L'*Oberfeldwebel* Ruelle passò alla terza compagnia e il *Leutnant* Daulne, alla compagnia mitragliatrici. Nello stesso periodo, venne formato un plotone pionieri agli ordini dell'*Oberfeldwebel* Mirgain. "*...E ora riprenderà l'addestramento*", annunciò il capitano Pauly. Come lui, anche l'*Oberleutnant* Lippert, era convinto che una buona parte delle perdite subite nei combattimenti precedenti, era stata causata proprio dalla mancanza di una adeguata istruzione militare. Era quindi necessario approfittare del breve periodo di riposo per riprendere da zero, l'addestramento di base, con l'aiuto di qualche istruttore tedesco. A causa del suo comportamento stravagante, il capitano Pauly fu rimpatriato, ufficialmente per 'ragioni di salute'. Nella realtà, dopo un'ennesima lite con il Comando tedesco, l'ufficiale vallone fu messo agli arresti, con l'accusa di irresponsabilità mentale e trasferito all'ospedale militare di Stalino. Il 6 aprile 1942, prese il suo posto il capitano Tchekhoff.

Comando della Legione *Wallonie*: da sinistra, l'*Hptm.* von Lehe, Degrelle e l'*Hptm.* Pauly.

L'*Hauptmann* Tchekhoff a cavallo.

Nato nel Caucaso, aveva quasi cinquant'anni, Georges Tchekhoff, era un personaggio singolare. Dopo essere emigrato in Belgio ed essere diventato uno degli ingegneri più capaci della fabbrica d'armi di Herstal nei pressi di Liegi, non aveva perso il suo accento russo. Aveva servito nella marina imperiale zarista fino alla rivoluzione. Dopo aver lasciato la Crimea con gli ultimi resti dell'armata *Wrangel,* le forze russe antibolsceviche, il capitano di corvetta Tchekhoff era arrivato in Belgio nel 1923, ben deciso a riprendere le armi contro i Bolscevichi alla prima occasione. Quando ritornò da Dniepropetrowsk all'inizio del mese di aprile del 1942, Tchekhoff raggiunse la Legione, sempre a riposo a Blagodatch. Il *Leutnant* du Welz, primo ufficiale di stato maggiore, quando lo incontrò, lo salutò dicendo: "*...Bonjour, monsieur le Commandeur*". Degrelle apparve e gli annunciò: "*...Il generale Sanne, comandante della 100ª divisione, vi ha designato per comandare la Legione. L'*Oberleutnant *Lippert resterà il vostro aiutante maggiore...*". Era senza dubbio la migliore soluzione. Il contrasto tra i due ufficiali era impressionante.

Maggio 1942: l'*Oberleutant* Lucien Lippert, di spalle, a colloquio con il *Leutnant* Léon Degrelle durante una sosta in un villaggio russo. Sul taschino sinistro della sua uniforme, si notano il Distintivo per feriti in Nero e la Croce di Ferro di Prima Classe.

Primavera 1942, un gruppo di graduati della Legione *Wallonie*: al centro, con il binocolo, il *leutnant* Jules Mathieu.

Altri due *Leutnant* della *Wallonie*: Closset e Bosquion.

L'*Hauptmann* von Lehe decora un sottufficiale vallone.

Mentre Tchekhoff era molto estroverso, Lippert per contro, era timido e riservato. Léon Degrelle fu nominato ufficiale di ordinanza, cosa che gli permise di lavorare a stretto contatto con lo stato maggiore della Legione e di fare esperienza. Il 1° maggio 1942, Degrelle fu sorprendentemente promosso *Leutnant* per essersi distinto con valore in combattimento. Già decorato con la Croce di Ferro di Seconda Classe nel marzo 1942 e con il *Verwundetenabzeichen 1939 in Schwarz*, il Distintivo per Feriti in Nero il 23 marzo 1942, ricevette anche la Croce di Ferro di Prima Classe il 21 maggio 1942. Era per tutti i Legionari, rexisti e non, *le Chef*, il Capo. Per tutto il mese di aprile e l'inizio di maggio, la Legione fu posta come unità di riserva per la *68.Infanterie-Division*.

Ordine di Battaglia della Legione al Maggio 1942

Comandante: *Hauptmann* Georges Tchekhoff (fino al 4 giugno 1942)
Aiutante: *Oberleutnant* Lucien Lippert
Ufficiale di collegamento tedesco: *Hauptmann* Dietzl

1ª compagnia: *Leutnant* Jules Mathieu
3ª compagnia: *Leutnant* Georges Ruelle
4ª compagnia: *Leutnant* Camille Bosquion
Plotone pionieri: *Oberfeldwebel* Joseph Mirgain

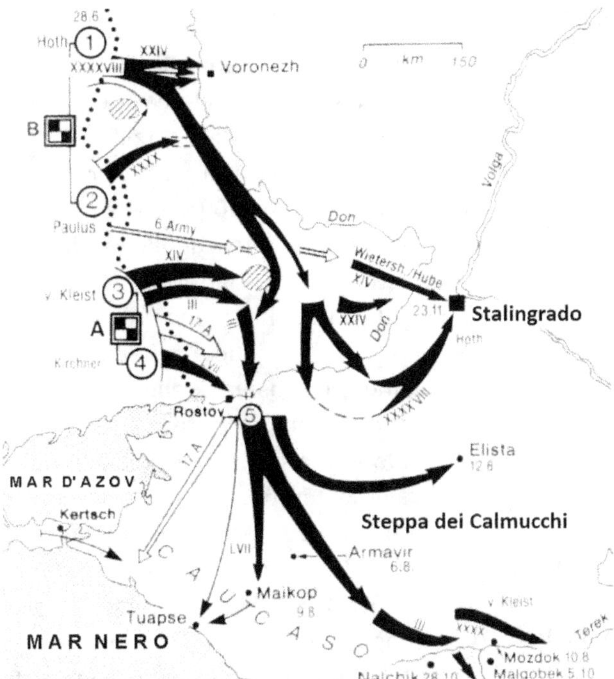

L'offensiva tedesca verso Stalingrado e il Caucaso.

Poltava, comando dell'*Heeresgruppe Süd*: Hitler con i suoi generali, discute i piani per la nuova offensiva.

Maggio 1942: reparti della *97.Jäger-Division* in marcia.

Nuova offensiva tedesca

Mentre i reparti di servizio della Legione furono raggruppati a Velikoïepole, le compagnie di fanteria marciarono a piedi verso Alexandrovka. La Legione *Wallonie* era stata trasferita nel frattempo alle dipendenze della *97.Jäger Division,* agli ordini del generale Ernst Rupp[1]. Con l'inizio della bella stagione, l'alto comando tedesco aveva deciso di riprendere l'offensiva sul fronte dell'Est. Gli obiettivi della nuova offensiva, definiti da Hitler nella direttiva numero 41 del 5 aprile 1942, denominata in codice *'Fall Blau'* (piano blu), erano: l'annientamento delle forze sovietiche dislocate tra il bacino del Donetz e il Don, la conquista dei valichi del Caucaso e il possesso dei ricchi giacimenti petroliferi sul Mar Caspio. L'offensiva, assegnata al Gruppo Armate Sud, si doveva sviluppare in quattro fasi:

1) *Blau 1*: sfondamento in direzione del Don all'altezza di Voronezh.
2) *Blau 2*: Conquista dell'intero bacino del Don fino all'altezza del Donetz.
3) *Blau 3*: Conquista dell'intera area compresa tra il Don, Stalingrado e Rostov.
4) *Blau 4*: Raggiunti gli obiettivi precedenti, l'offensiva si sarebbe spostata a sud con l'obiettivo di conquistare l'intera regione caucasica, compresa tra il Mar Caspio, il Mar Nero, il fiume Volga e la catena montuosa del Caucaso, con i suoi ricchi giacimenti petroliferi.

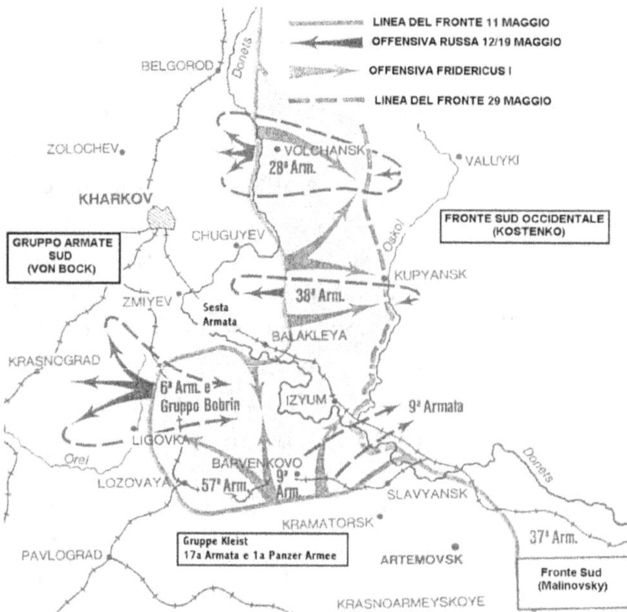

L'offensiva lanciata dai Sovietici nel maggio del 1942.

Degrelle, von Lehe e l'*Hauptmann* Tchekhoff.

Léon Degrelle a colloquio con il generale Ernst Rupp.

Prima però era necessario eliminare alcuni salienti sovietici incuneati nella linea del fronte tedesca: Kharkov, Izjium e la penisola di Kerch. I primi ad attaccare furono però i Sovietici: il generale Timoschenko anticipò i tedeschi lanciando una nuova offensiva il 9 maggio 1942. I reparti sovietici penetrarono la linea difensiva della *6.Armee* a Woltschank e attraversarono il Donetz a nord di Kharkov. Nello stesso tempo, l'Armata corazzata di Koniev, proveniente dall'area di Alexandrovka, spinse indietro l'*VIII.Armee-Korps* verso nord, raggiungendo Taranowka e Krasnograd a circa quaranta chilometri da Poltava, avvicinandosi all'importante nodo ferroviario di Merefa, a sud di Kharkov, principale collegamento per i rifornimenti della *6.Armee*. Più a sud, il IV° Corpo rumeno e l'*XI.Armee-Korps*, furono costretti a ripiegare verso ovest a nord di Poltava. La *6.Armee*, impegnata con le sue unità in duri combattimenti intorno a Kharkov e Merefa, perse i collegamenti con il *LI.Armee-Korps*, dislocato nei pressi di Liman e Balakleja. Solo un'offensiva a nord di Barwenkowo poteva ricacciare le forze sovietiche nuovamente verso est e malgrado la gravità della situazione, il Comando tedesco fu in grado di preparare accuratamente la controffensiva. "*....Il 10 e l'11 maggio 1942, l'Alto Comando tedesco aveva messo in movimento tutte le sue forze del Donez, per attaccare in direzione est.*

Fanti tedeschi entrano in una città ucraina, maggio 1942.

Il Generale Rupp, consegna a Léon Degrelle l'insegna di metallo della *97.Jäger-Division*, raffigurante una piuma di gallo cedrone.

Nel bel mezzo di quei movimenti di truppe, il maresciallo sovietico Timoscenko, in una corsa straordinaria, si gettò lui stesso all'offensiva, all'estremità nord del nostro settore. Uscì sotto Karkov e lanciò parecchie centinaia di migliaia di uomini verso Poltawa e il Dnieper. La breccia da lui aperta fu profonda. Stalin emise bollettini di vittoria risonanti. Le radio di Londra e di Mosca annunciarono l'imminente arrivo dei russi al Dnieper. Dei fuggiaschi ripiegarono perfino verso di noi, diffondendo voci sinistre. Il comando tedesco era stato preceduto senza tanti complimenti dai sovietici. Incassò il contrattempo senza una parola inutile, senza fare una grinza. E, soprattutto, non cedette affatto sul proprio piano offensivo. I preparativi continuarono a cuocere a fuoco lento, esattamente come era stato previsto. I russi correvano?...Li lasciammo correre per cinque giorni e addentrarsi in una enorme escrescenza il cui centro era Poltawa. Durante questo tempo, ogni battaglione tedesco prendeva posizione nella più grande calma. Nemmeno una operazione fu anticipata di un'ora"(2).

Sul fronte di Izjum, dopo il fallimento dell'offensiva sovietica, il 17 maggio 1942, le forze tedesche contrattaccarono a loro volta (operazione *Fridericus I*), con il *Panzergruppe* di von Kleist in testa. Entro il 28 maggio, tutte le forze sovietiche impegnate in quel settore, completamente colte di sorpresa, furono chiuse in una sacca ed annientate: nel corso dell'azione, furono catturati 240.000 uomini dell'Armata Rossa, distrutti più di 1.000 carri armati e 2.500 cannoni.

L'impiego della Wallonie

Maggio 1942: ufficiali della Legione *Wallonie*.

Léon Degrelle impegnato a tirare con una *MG-34*.

Legionario vallone in combattimento.

I Borgognoni dovevano far parte delle truppe destinate a ridurre la testa di ponte sovietica formata durante l'inverno nella regione di Izjum-Barvenkovo-Slaviansk e di ricacciare il nemico a nord del Donetz. I legionari raggiunsero le posizioni di partenza di questa vasta operazione. Il 6 maggio 1942, la legione *Wallonie* raggiunse Varvarovka. Le prime linee erano molto vicine. Ai soldati fu ordinato di non fumare, per evitare di essere individuati dal nemico. Appena arrivati al villaggio di Varvarovka, vennero formati dei piccoli gruppi di soldati per andare a rilevare le truppe tedesche che occupavano la cresta di fronte a Jablenskaïa, un villaggio occupato dai Sovietici. Ciascun gruppo era guidato da un graduato tedesco che indicava il percorso. I Valloni presero posizione nel buio e nel silenzio più assoluto. Tutta la posizione era stata fortificata dai loro predecessori e delle trincee collegavano i punti di appoggio. Dietro ciascuna postazione di armi automatiche, erano stati scavati dei rifugi dove gli uomini potevano dormire, mangiare o giocare a carte, mentre uno di essi restava vicino all'arma. All'alba, i Borgognoni scoprirono il loro nuovo settore. Davanti a essi si estendeva un campo di mine, protetto da filo spinato. Cento metri più lontano c'era un altro campo difensivo, ma era stato costruito dai Sovietici. Le posizioni nemiche erano infatti proprio di fronte, sul fianco della collina. I Sovietici non prendevano precauzioni e ogni tanto si vedeva qualche testa alzarsi. La temperatura si era nel frattempo alzata notevolmente: il 12 maggio, il termometro segnò venticinque gradi, di lì a qualche giorno sarebbe arrivata a più di trenta. Dopo una decina di giorni di relativa calma, i Borgognoni avvertirono che l'offensiva era prossima. Nella notte tra il 16 e il 17 maggio, il plotone pionieri dell'*Oberfeldwebel* Mirgain e un plotone di mitragliatrici pesanti della quarta compagnia con l'*Oberfeldwebel* Bosquion, si infiltrò tra gli sbarramenti di filo spinato e di mine per andare a prendere posizione davanti alle linee nemiche, approfittando dell'oscurità. L'*Oberfeldwebel* Lassois, ex-pilota della compagnia aerea Sabena, diresse questo gruppo di una sessantina di Borgognoni, ai quali si aggiunsero i fanti tedeschi di una compagnia di fanteria. Un osservatore di artiglieria della *Wehrmacht* prese posizione su un avamposto della Legione con un telefono portatile.

Una *MG-34* della 4ª compagnia impegnata in combattimento

Fanti pronti a lanciarsi all'attacco, con una *MG-34*

L'offensiva per ricacciare i Sovietici al di là del Donetz era ormai imminente. Alle 02:30 del mattino, a tutte le unità tedesche fu trasmessa la parola d'ordine '*Donetz*': era il segnale della battaglia per centinaia di migliaia di uomini, che dovevano ridurre la testa di ponte sovietica nella regione di Izjum. Tutto il fronte si infiammò improvvisamente per centinaia di chilometri.

Fanti impegnati ad attaccare una posizione.

I Valloni udirono il sibilo dei proiettili che passavano sopra le loro teste che andavano a colpire le posizioni nemiche. Le truppe corazzate tedesche dovevano avanzare a destra e a sinistra del settore tenuto dai Valloni. I fanti si accontentarono per il momento di sparare contro le posizioni nemiche di fronte a loro. I Borgognoni guidati dall'*Oberfeldwebel* Lassois tentarono di avvicinarsi alle posizioni sovietiche. Ma furono subito scoperti e costretti a buttarsi a terra sotto un tiro serrato di armi automatiche. Fin dai primi minuti della battaglia, numerosi legionari giacevano al suolo, uccisi o feriti. Lassois avvistò dei covoni di paglia e decise di usarli come copertura prima di avanzare nuovamente verso le posizioni nemiche: "*....Avanzate lentamente!*", ordinò ai suoi uomini. I covoni erano a poche decine di metri, ma era necessario avanzare in campo aperto. Per due ore, i Valloni si mossero evitando qualsiasi movimento brusco, che potesse attirare l'attenzione dei mitraglieri sovietici.

Legionari valloni in marcia verso il fronte del Donetz, maggio 1942.

Raggiunsero infine i covoni, spossati e sudati. Per molti minuti restarono stesi, per recuperare, tentando di ritrovare il ritmo normale della loro respirazione. L'obiettivo era stato raggiunto. Ma il bilancio delle perdite era stato pesante: otto caduti e dodici feriti, tra i quali quattro gravemente. "*...Ora, bisogna lanciare l'assalto finale!*", annunciò l'*Oberfeldwebel*

Lassois ai superstiti riuniti intorno a lui. Approfittando della copertura dei covoni, i Borgognoni si erano avvicinati al loro obiettivo e i Sovietici li avevano persi di vista. Subito dopo, centoventi diavoli che urlavano e sparavano si lanciarono tra le rovine dei villaggi di Iablenskaïa e di Nikolaïevka. "...*En avant, Bourguignons!*". Le pistole mitragliatrici sputarono delle brevi raffiche. Numerosi soldati nemici caddero al suolo per non più rialzarsi. Gli artiglieri tedeschi iniziarono ad allungare i loro tiri. Seguirono furiosi combattimenti corpo a corpo, senza pietà. I caduti di Gromowaja-Balka furono così vendicati. Il resto della Legione *Wallonie* doveva arrivare dopo mezzogiorno e approfittare della breccia aperta da un centinaio dei loro camerati. I Tedeschi scoprirono questa 'furia vallone', che non smise fino al termine della guerra, di provocare la loro ammirazione e il loro stupore. L'*Hauptmann* von Lehe disse al comandante Tchekhoff: "...*Quando i vostri uomini caricano, niente può resistere davanti a loro*". Il vecchio ufficiale di marina sorrise. Una volta ancora, aveva constatato gli effetti devastanti della follia guerriera dei suoi uomini. Questa carica fantastica non sorprese invece né l'*Oberleutnant* Lippert né il *Leutnant* Degrelle. Per entrambi, i loro uomini avevano solo fatto il loro dovere. Malgrado le perdite, la conquista di Iablenskaïa e di Nikolajewka furono un bel successo militare.

Degrelle e legionari valloni.

Verso le tre del pomeriggio, i legionari delle unità che avevano preso parte all'attacco ricevettero l'ordine di riprendere la marcia. Essi passarono in fila indiana attraverso i campi minati e il filo spinato, dove i pionieri avevano aperto un passaggio, poi dopo aver attraversato di slancio due o tre piccoli villaggi, i Valloni ricevettero l'ordine di riprendere fiato. Verso le otto di sera, la Legione ripartì all'inseguimento del nemico in rotta. I Borgognoni avanzarono così rapidamente che il vitto non fece in tempo ad arrivare. Ma erano dei ragazzi previdenti e nelle loro bisacce si portavano sempre dietro un morso di pane e un pezzo di lardo. Questo perché non si poteva fare affidamento sulla popolazione locale. I civili russi non avevano da tempo nulla da mangiare e guardavano i soldati stranieri con sguardi affamati. La Legione *Wallonie* si diresse verso il corso del Donetz. In tre giorni, la Legione percorse una cinquantina di chilometri, con un calore insopportabile. Il 19 maggio, i soldati sovietici sembravano essere scomparsi nella natura. Nel pomeriggio, i Valloni giunsero a Prelesnoïe. Per alcuni giorni restarono nella foresta di Dolgenskaïa. L'ordine di riprendere la marcia giunse il 26 maggio 1942. Nel pomeriggio di quella stessa giornata, la Legione *Wallonie* arrivò a Brachowka dove, il giorno dopo, i legionari valloni ricevettero l'ordine di preparare delle posizioni difensive intorno al villaggio.

Note

(1) Inizialmente la 97ª era una divisione leggera che fu trasformata in divisione cacciatori tra il giugno e il luglio del 1942. Fu quindi equipaggiata con materiale per l'impiego in montagna per partecipare alla campagna nel Caucaso. Senza averne ufficialmente diritto, i suoi soldati misero subito sul braccio e sui berretti l'edelweiss delle truppe alpine. I Borgognoni iniziarono a usarli alla fine del 1942.

(2) Léon Degrelle, "*Fronte dell'Est*", Sentinella d'Italia, pagine 85, 86.

Arrivano rinforzi

Il comandante Tchekhoff annunciò ai suoi comandanti di compagnia: "*...Nel giro di qualche giorno, un nuovo contingente di cinquecento nuovi volontari ci raggiungerà. Potremo così formare un nuovo battaglione con gli effettivi quasi completi*".

L'*Oberleutnant* Lippert precisò: "*...per il momento, formeranno la sesta e la settima compagnia della Legione*".

"*...Spero che il* Leutnant *Vermeire sia riuscito a recuperare il meglio*", concluse il *Leutnant* Léon Degrelle.

L'*Hauptmann* Tchekhoff alle prese con una macchina fotografica.

Mentre i Valloni si battevano sul fronte dell'Est, in Belgio la campagna arruolamenti per la Legione era infatti continuata. Grazie soprattutto all'azione propagandistica di Victor Matthys, leader del movimento Rex in assenza di Degrelle e all'opera di Jean Vermeire, inviato in missione in Patria da Pauly, furono reclutati 363 nuovi volontari, 333 soldati, ventisei sottufficiali e quattro ufficiali. La maggior parte dei nuovi volontari proveniva dalla gioventù rexista guidata dal loro capo, John Hagemans. Questo uomo di ventotto anni, testa rasata alla Mussolini, lo sguardo deciso e brillante, con un aspetto fiero, era nato nel 1914. Appassionato di archeologia, di folklore, delle arti grafiche, diventò presto una sorta di fanatico della cultura popolare.

John Hagemans.

Manifestazione a Bruxelles per i nuovi volontari.

La sua prima dimensione veramente politica, la trovò in Joris van Severen, il fondatore del movimento fiammingo del *Verdinaso*. Dopo aver servito nel 1933, nell'artiglieria a cavallo dell'esercito belga, si trovò mobilitato nel 1940 come sottufficiale. Si batté coraggiosamente durante la guerra dei diciotto giorni. La disfatta lo lasciò completamente deluso.

La bandiera della Legione.

Si unì quindi al movimento rexista che conosceva fin dalla gioventù. Degrelle lo incaricò di dirigere i giovani, ragazzi e ragazze. Nel marzo del 1942 dovette preparare alla guerra i più 'anziani', i giovani di età compresa tra i 16 e i 18 anni: 150 di essi lo seguirono senza esitazione. A questi ragazzi della *Jeunesse* si unirono altri 150 nuovi volontari, di età leggermente superiore e una sessantina di feriti di Gromowaja-Balka, ristabiliti. I giovani volontari che raggiunsero la Legione *Wallonie* portarono con loro quattro stendardi di compagnia e una bandiera di battaglione. Disegnati dallo stesso Hagemans, questi emblemi rappresentavano i bastoni nodosi di Borgogna, rossi su sfondo bianco. Seguito dal suo fedele aiutante, Roger De Goy, John Hagemans partecipò all'ultima parata sulla grande piazza di Bruxelles. Poi i nuovi volontari partirono alla volta del campo di addestramento di Meseritz, per ricevere la necessaria istruzione. Dopo due mesi di addestramento accelerato, i volontari furono dichiarati pronti per la prima linea. Il lungo viaggio verso l'Ucraina durò sedici giorni.

Il *Rittmeister* von Rabenau, nuovo istruttore delle reclute valloni, 1942.

Cerimonia del passaggio della Legione vallone alle dipendenze della *97.Jäger-Division*.

I nuovi rinforzi comprendevano 360 uomini, ripartiti in due compagnie: la 6ª, che raggruppava i giovani e la 7ª, che raggruppava gli 'anziani', quelli che avevano più di venti anni. Alla testa della 6ª, fu posto il *Leutnant* Jean Vermeire, 23 anni. E, alla testa della 7ª, il *Leutnant* Henri Thyssen. Alto quasi due metri, fu subito soprannominato dagli altri legionari valloni come '*Bolshoi*' (in russo, grande). L'istruzione delle nuove reclute valloni fu affidata ad un ufficiale tedesco, il *Rittmeister* von Rabenau.

Il sergente John Hagemans, primo a sinistra, con la nuova bandiera della Legione a Brachowka, giugno 1942.

Un volontario ausiliario russo, 1942.

Trasferimento al fronte

Il 1° giugno 1942, il treno con il secondo convoglio della Legione *Wallonie* attraversò il Dnepr a Dnepropetrovsk. Il 2 giugno, i volontari della 6ª e 7ª compagnia udirono per la prima volta i rumori della battaglia, poi scesero tutti a Slaviansk. Ad accogliere i volontari, Léon Degrelle, che dopo averli arringati con uno dei suoi discorsi, li guidò verso Brachowka. I primi contatti tra i giovani volontari e i veterani della Legione furono difficili, ma tutti i contrasti furono subito superati nel giro di pochi giorni. Il battaglione vallone occupava in quel momento delle posizioni difensive lungo il Donetz, su un fronte di circa quattro chilometri. Il settore era relativamente calmo, malgrado l'imminenza di un nuovo attacco tedesco. La cosa più urgente da fare in quel momento, era quella di amalgamare la Legione, giovani reclute e veterani della prima ora. John Hagemans sperava che i suoi ragazzi andassero a formare tutti insieme una compagnia speciale, ma né l'*Hauptmann* Tchekhoff, né l'*Oberleutnant* Lippert, né il *Leutnant* Degrelle, erano d'accordo. Secondo il comandante, i rinforzi dovevano essere ripartiti tra le varie compagnie. Voleva approfittarne per ricostituire la seconda compagnia e non voleva assolutamente mettere insieme questi giovani senza alcuna esperienza. Quanto a Hagemans, divenne un semplice sergente, messo alla testa del gruppo di comando della nuova terza compagnia, posta agli ordini del *Leutnant* Ruelle. Il *Leutnant* Mathieu restò alla prima, il *Leutnant* Closset alla seconda mentre la quarta fu assegnata al *Leutnant* Bosquion. Numerose unità di appoggio rinforzarono la Legione: un plotone *Pak* con pezzi trainati da semicingolati, agli ordini dell'*Oberfeldwebel* Pierre Dengis e un plotone pionieri agli ordini dell'*Oberfeldwebel* Mirgain. Inoltre, il *Tross*, il treno logistico della Legione, fu rinforzato da un plotone di *Hiwis*, volontari ausiliari russi. Il battaglione ora contava 850 legionari valloni ed un centinaio di volontari ausiliari russi.

L'*Oberleutnant* Lucien Lippert.

Degrelle con ufficiali valloni e tedeschi, 1942.

Il comandante Lippert con alcuni legionari, 1942.

Lucien Lippert

Nello stesso tempo, fu necessario trovare un nuovo comandante per la Legione, poiché Tchekhoff aveva chiesto espressamente di essere trasferito ad un incarico più sedentario e fu quindi posto al comando della compagnia di istruzione di Meseritz. Léon Degrelle propose al *Major* von Lehe, l'*Oberleutnant* Lippert. Malgrado il suo grado modesto e la sua giovane età, ventinove anni, Lucien Lippert era senza dubbio capace di comandare un battaglione in prima linea. Discreto e taciturno, sorprendeva per la sua calma. Originario di Arlon, aveva un aspetto germanico e questo gli consentiva di indossare al meglio l'uniforme tedesca. Senza lo scudetto tricolore, sarebbe passato per un ufficiale della *Wehrmacht*. Nato poco prima della Grande Guerra, figlio di un impiegato delle ferrovie, nel 1932 entrò nella scuola reale militare belga. Quando ne uscì, scelse il 14° reggimento di artiglieria a Bruxelles. Dopo la guerra dei diciotto giorni nel 1940, prigioniero in Germania, fu rimpatriato per servire nei quadri del servizio volontario del lavoro. Aveva esitato nel partire per l'Inghilterra con uno dei suoi camerati, pensando di aver trovato finalmente il suo posto al fianco di quelli che lottavano contro il bolscevismo.

Ordine di battaglia della Legione al giugno 1942:

Comandante: *Oblt.* Lucien Lippert

Stato Maggiore: *Leutnant* Lassois, *Leutnant* Degrelle

Degrelle e Lippert, estate 1942.

Servizi medici: *Oblt.* Dr. Jacquemin, *Leutnant* Dr. Albert
Ufficiale di coll. tedesco: *Rittmeister* von Rabenau
1ª compagnia: *Leutnant* Mathieu
2ª compagnia: *Leutnant* Vermeire
3ª compagnia: *Leutnant* Ruelle
4ª compagnia: *Leutnant* Bosquion

L'offensiva riprende

Tra il 10 ed il 26 giugno furono lanciate altre due operazioni denominate in codice *Wilhelm* (10-16 giugno) e *Fridericus II* (22-26 giugno), con le quali le forze tedesche riuscirono a stabilire una testa di ponte sulla sponda orientale del fiume Donetz, nell'area a est di Kharkov. Sempre verso la metà di giugno, la *1.Panzer Armee* fu impegnata in un attacco preliminare, che doveva assicurare il controllo di posizioni favorevoli per il raggruppamento delle forze per la nuova offensiva. Era necessario eliminare l'ultima testa di ponte in mano ai sovietici a Izjum e respingere il nemico oltre il fiume Oskol. L'operazione non era facile dal momento che i Sovietici erano solidamente trincerati su entrambi i lati del fiume. Von Kleist pianificò una grande manovra avvolgente impegnando il *III.Panzer-Korps* di von Mackensen. L'attacco principale fu lanciato in direzione di Kupiansk, con il supporto della 60ª divisione motorizzata e del *LI.Armee-Korps*. Anche le divisioni rumene dell'*XI.Armee-Korps* e quelle del *XLIV.Armee-Korps* parteciparono all'offensiva. L'attacco fu preceduto da un massiccio fuoco di preparazione dell'artiglieria a partire dal 24 giugno.

Colonna rifornimenti della Legione durante il passaggio del Donetz, giugno 1942.

Fanteria rumena sul fronte dell'Est, estate 1942.

Il Battaglione vallone partecipò all'operazione come parte della *97.Jäger Division*, lasciando le sue posizioni di Spaschowska e occupando la posizione di Kamenka. Partendo da sud di Kharkov, le divisioni corazzate di von Mackensen penetrarono profondamente tra le posizioni sovietiche a nord di Balakleya, superando la forte resistenza nemica.

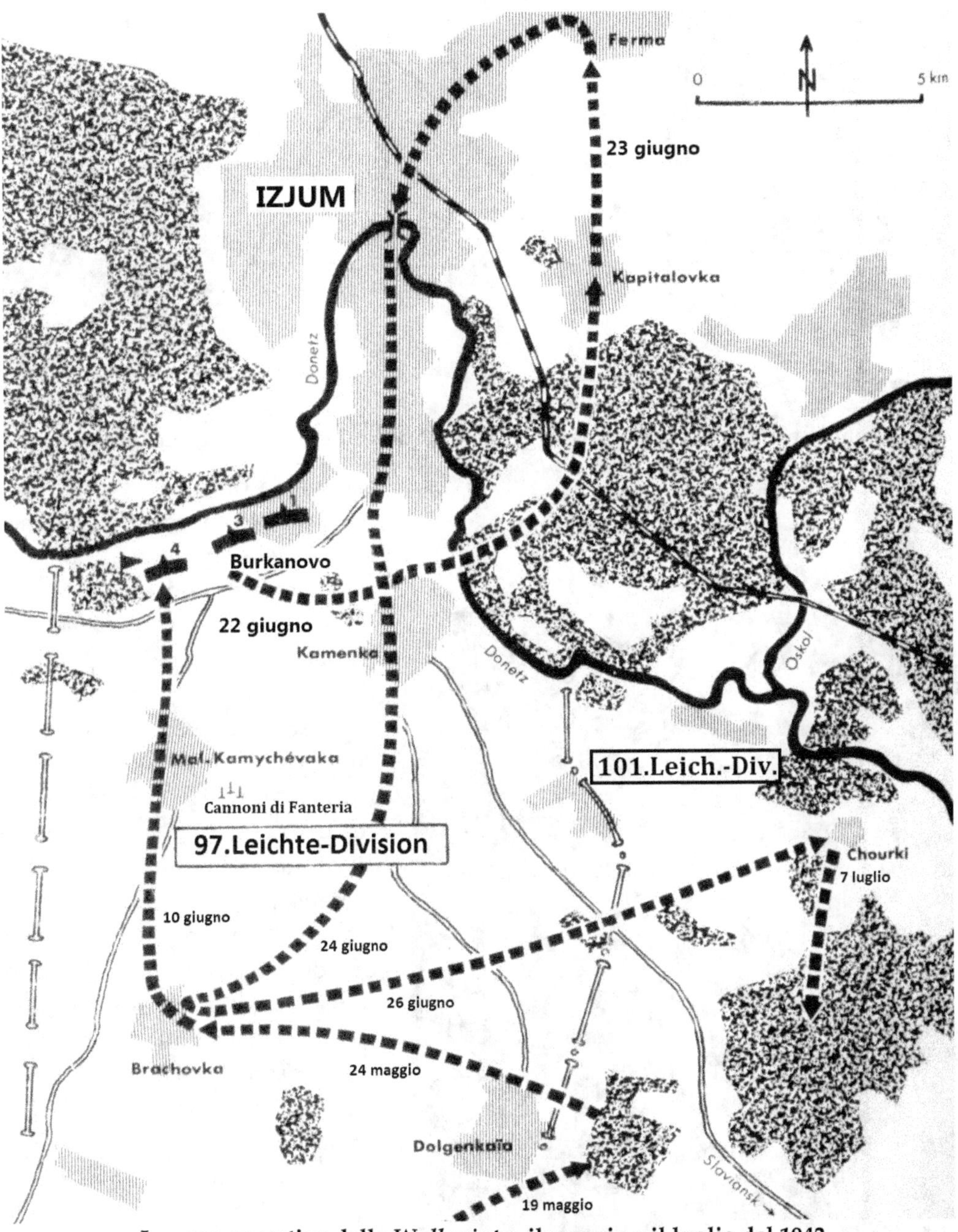

La zona operativa della *Wallonie* tra il maggio e il luglio del 1942

Le forze rumene attraversarono il Donetz ed avanzarono nell'area a sud-ovest di Izjum con l'obiettivo di attaccare la città da tergo, per cogliere di sorpresa le truppe sovietiche.

Nella serata del 22 giugno 1942, i volontari della Legione *Wallonie* attraversarono a loro volta il fiume Donetz a sud di Izjum, grazie a dei ponti costruiti dai pionieri tedeschi e per mezzo di barconi messi a disposizione dai pionieri della *Wehrmacht.* I reparti valloni dovevano in seguito raggiungere la città di Kupiansk, marciando per una ventina di chilometri attraverso una zona caratterizzata da paludi e sabbia.

Reparti valloni in marcia, 1942.

Passaggio di un carro su un ponte parzialmente distrutto.

Luglio 1942: arrivo dei reparti della *Wallonie* a Shurki.

John Hagemans armato di fucile *K98*.

La marcia durò una ventina di ore, di notte e di giorno. La Legione era stata posta in riserva, con la 97ª divisione cacciatori, mentre era in corso la grande battaglia tra il Donetz e il Don. Nel pomeriggio del 24 giugno, i reparti valloni giunsero a Kapitanowska, tre chilometri a est di Izjum, ripristinando i collegamenti con i reparti della *97.Jäger Division*. Solo la prima compagnia si spinse più lontano per proteggere il fronte di marcia da nord. Il 25 giugno, la Legione fu ritirata a Brachowka, senza aver riportato perdite. Il giorno seguente, i valloni raggiunsero la posizione di Shurki (sulle mappe indicato anche come Churki), un piccolo villaggio a nord-ovest di Slavjansk. Qui, fu deciso di riprendere l'istruzione militare, sempre nell'intento di continuare l'integrazione tra le giovani reclute e i veterani. Il 4 luglio 1942, il generale Rupp, comandante della *97.Jäger-Division,* distribuì alcune Croci di Ferro di Seconda Classe ai soldati che si erano distinti nei precedenti combattimenti. La cerimonia ufficiale fu preceduta da una messa all'aperto e le foto fecero il giro dell'Europa e furono pubblicate su numerosi giornali e riviste.

Luglio 1942: una messa per i volontari valloni celebrata da un cappellano militare tedesco.

Alla fine della cerimonia, i legionari sfilano con le bandiere della Legione, luglio 1942.

Un'altra messa al campo, per i legionari valloni. A sinistra, Degrelle riceve l'ostia consacrata.

Fanti tedeschi pronti a muovere all'assalto, 1942.

Soldati della *97.Jg.Div.* con prigionieri sovietici.

Reparti valloni in marcia, tra il caldo e la polvere.

Fall Blau

L'operazione *Blu* iniziò ufficialmente il 28 giugno 1942: l'offensiva tedesca si sviluppò con una tale rapidità, che fece ritornare alla memoria i formidabili successi dell'estate precedente. Le prime ad attaccare furono le forze nel settore di Voronezh: la *2.Armee*, la *6.Armee*, la *4.Panzer-Armee* e la IIª Armata ungherese. I sovietici, pensando ad una nuova grande offensiva contro Mosca, contrattaccarono soprattutto dal nord in modo da impedire la temuta spinta verso la Russia centrale. L'ala settentrionale dello schieramento tedesco non puntò infatti su Mosca, ma in direzione sud-est, lungo il corso del Don. Entro il 5 luglio, le avanguardie tedesche avevano raggiunto e superato il Don, di fronte a Voronezh. Il 6 luglio, la *Stavka* ordinò un ripiegamento generale delle unità dei fronti di Bryansk, Sud-Ovest e Sud, lungo la linea del Don. Questa mossa tattica sovietica disorientò gli strateghi tedeschi, che speravano di chiudere in una serie di sacche tutte le forze sovietiche e annientarle. La prima grave conseguenza di questo arretramento del fronte sovietico, fu la scelta dei Tedeschi di proseguire l'offensiva lungo due diverse direttrici, cosa che portò il 9 luglio 1942, alla creazione di due diversi Gruppi di Armate: il Gruppo di armate A, agli ordini del maresciallo Wilhelm List e il Gruppo di Armate B, agli ordini del maresciallo von Weichs. Il gruppo di Armate A, comprendeva la *XVII.Armee* di Ruoff, la *IV.Panzer-Armee* di Hoth e la *1.Panzer-Armee* di von Kleist. Il Gruppo B, comprendeva la *II.Armee* di von Salmuth, la *VI.Armee* di Paulus, la 3ª e la 4ª Armata rumena, l'VIIIª Armata italiana del generale Gariboldi e la II^a^ Armata ungherese del generale Jany. La nuova direttiva di Hitler, numero 43 del 23 luglio 1942, fissò gli obiettivi dell'offensiva lungo due direttrici ben distinte: il Gruppo di Armate B doveva conquistare con una rapida azione Stalingrado (Operazione *Fishereiher*: airone) ed assicurare il fianco sinistro al Gruppo di Armate A, che doveva invece spingersi nel Caucaso (operazione *Edelweiss*: stella alpina).

I Valloni verso il Caucaso

Il 7 luglio 1942, la Legione *Wallonie* abbandonò il villaggio di Shurki, riprendendo la marcia al seguito delle armate tedesche. Nella notte tra il 10 e l'11 luglio, i Borgognoni attraversarono il Donetz all'altezza di Krasny-Liman, per poi giungere a Torskaïa. Al mattino, riprese la marcia, all'inseguimento delle truppe sovietiche in ritirata. Il *Leutnant* Vermeire, nominato ufficiale di collegamento, si spostava a cavallo attraverso la steppa per assicurare i collegamenti tra i Borgognoni e i reparti della *97.Jg.Div.* Il 24 luglio, il Battaglione vallone attraversò il fiume Don a Melekhovskaja. Due giorni dopo i Valloni giunsero sulle rive del fiume Manytsch, fiume che segnava la frontiera tra l'Europa e l'Asia. Ogni giorno si percorrevano una quarantina di chilometri, con un caldo insopportabile. Giovani e veterani erano totalmente spossati. Pur non essendo stata impegnata in scontri con il nemico, la Legione lamentava numerose perdite per problemi di salute. Il problema principale per le forze tedesche che avanzavano nel Caucaso era l'acqua: per decine e decine di chilometri non si riusciva a trovare un pozzo di acqua potabile. Quando poi in un villaggio se ne trovava uno, bisognava attendere ore prima di poter bere un solo goccio d'acqua. "*...Il problema più grave, in effetti, era quello del bere. Avanzavamo per dieci, per venti chilometri senza trovare un litro d'acqua potabile. Pozze verdi imputridivano al sole.*

Degrelle in groppa al suo cavallo 'Caucaso'.

Legionari valloni in marcia verso il Caucaso.

Degrelle e Lippert con ufficiali tedeschi, 1942.

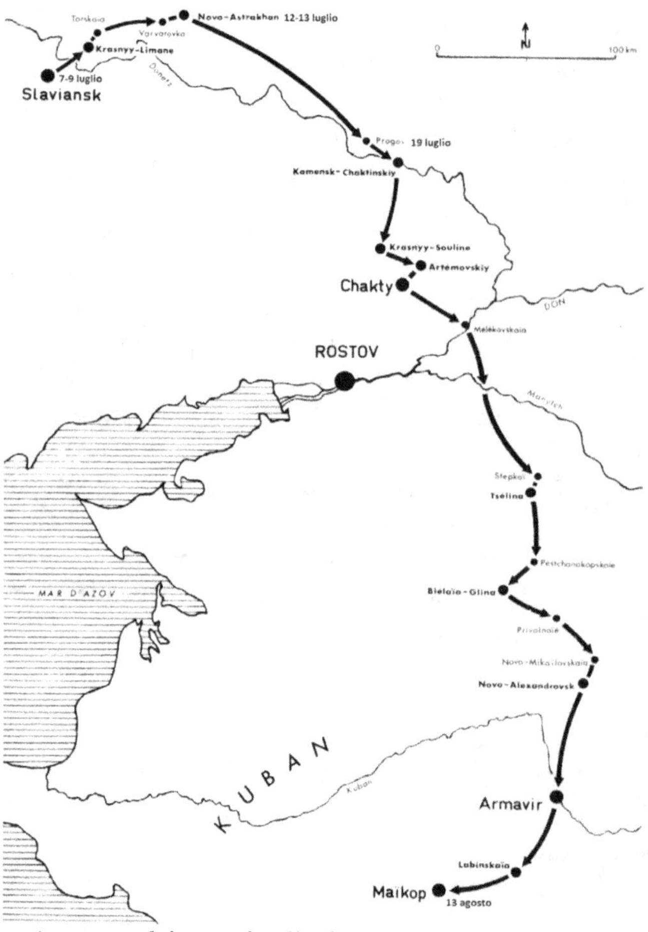

Avanzata dei reparti valloni nelle regioni caucasiche.

Reparti tedeschi attraversano il fiume Kuban, estate 1942.

I nostri uomini si buttavano ventre a terra per lappare quel fango putrido. Dovevamo arrabbiarci, scostare violentemente i bevitori. I cavalli avevano lunghe lingue che penzolavano e fremevano. La nostra colonna, da sola, comprendeva più di ventimila uomini. Ogni due o tre leghe(1)*, la pista attraversava un villaggio. Questo aveva un pozzo, o alcuni pozzi, destinati ad abbeverare gli indigeni e il bestiame di alcune dozzine di isbe. La testa della colonna faceva presto a vuotare tutta l'acqua. Ben presto gli uomini non avevano più che del fango da contendersi. Dietro di loro, migliaia di fanti, centinaia di cavalli trovavano i pozzi raschiati, assolutamente asciutti. Qua e là, un mulino, aspirava acqua in abbondanza. Ma ognuno doveva attendere il suo turno, per cinque ore, otto ore, dieci ore, la lingua gonfia in fondo alla gola. Le bestie consumavano quantità favolose di liquido. Il mio cavallo* 'Caucaso' *tracannava da solo, ininterrottamente, cinque grandi secchi, ossia quaranta litri! Gli uomini si riempivano come otri, si spruzzavano il collo, le braccia e la schiena, tanto erano abbrustoliti dal sole...*"(2). Ora le forze sovietiche stavano rifluendo verso il Kuban. La Legione *Wallonie* continuò la sua estenuante marcia e attraversò il Manytch, toccando i villaggi di Stepkoï, Tchelinia, Bielaïa-Glina, Privolnoïe, Novo Alexandrovkaia e Novo Michailovskaia. Il 4 agosto, fu raggiunto il Kuban. Dopo aver attraversato il fiume, i Valloni si acquartierarono ad Armavir. Dopo una giornata di riposo, ripartirono verso Labinskaïa, all'avanguardia della *97.Jg.Div*. Il 13 agosto, dopo alcuni giorni di marce forzate e percorso circa ottocento chilometri con un caldo infernale, i Valloni entrarono nella città petrolifera di Maikop.

Degrelle guida la marcia.

"...Ci eravamo messi in cammino con il fresco, verso l'una di notte. All'alba, credemmo di sognare. Un sottile filetto blu scuro, a sud, ornava di festoni il cielo. Era il Caucaso! I monti erano ancora a una cinquantina di chilometri, ma le loro cime si disegnavano nitidamente nel cielo! Una gioia pungolante ci invase! Erano lì, quei picchi che vivevano nella nostra immaginazione da parecchie settimane! Affrettammo il passo, sulla sabbia fitta. Colonne di panzer *amici ritornavano nella nostra direzione: avevano terminato il lavoro, braccato il nemico fino alle foreste. Toccava a noi, la fanteria, completare la bisogna. Alle nove di mattina, approdammo su lunghe strade rettilinee, tutte uguali: Maikop! I nostri carri armati avevano sgomberato la città senza che i Rossi avessero nemmeno fatto saltare il ponte che superava, con un balzo magnifico, una valle profonda in fondo alla quale muggiva un fiume verde, il Bjelaja. Delle case erano disinvoltamente appollaiate in cima alla scogliera a picco. Passammo rapidamente sull'altra riva per occupare immediatamente una montagna che dominava la zona. Di là, avremmo impedito ogni reazione eventuale del nemico battuto....Nel frattempo, il grosso della divisione aveva occupato Maikop. Tutti ritenevano la guerra finita.*

Un pezzo *Flak* sulle montagne caucasiche.

Fanti tedeschi in marcia nel Caucaso, 1942.

Legionari valloni impegnati in un attacco, 1942.

Tutto era stato spazzato via. Stavamo per varcare la catena del Caucaso. Gli ordini della divisione erano giunti. Obiettivo: Adler, poi Succhum, non lontano dalla Turchia asiatica. Facevamo scommesse: a Natale, Tiflis; in primavera, Babilonia! Avremmo ritrovato sui fiumi sacri, sul Tigri e sull'Eufrate, le forze d'Africa del maresciallo Rommel, sboccanti dal canale di Suez! La guerra sarebbe finita nella culla del mondo!"(3).

Degrelle guida una pattuglia vallone in un campo di mais, armato con una pistola mitragliatrice *PPSh*.

Poco prima di lasciare Maikop, fu organizzata una cerimonia per ricordare con qualche giorno di ritardo, il primo anniversario della partenza del primo contingente vallone nell'agosto del 1941 da Bruxelles.

In marcia verso le sponde del Mar Nero

Nella notte tra il 14 e il 15 agosto 1942, la Legione *Wallonie* riprese la marcia avendo come obiettivo finale le sponde del Mar Nero, sempre al seguito della *97.Jäger-Division*. Il comando della divisione, dovendo assicurare il controllo di un vasto settore, si vide costretto a dividere le sue forze in due gruppi da combattimento: il *Jäger-Regiment 204* si diresse verso ovest in direzione di Tuapse, mentre il *Kampfgruppe Ott,* comprendente il *Jäger-Regiment 207,* agli ordini dell'*Oberst* Ernst-Ludwig Ott, e la *Wallonie,* proseguì invece in direzione di Adler sul Mar Nero. La steppa era ormai finita ed erano iniziate le montagne del Caucaso. A causa di una brutta caduta da cavallo, che lo lasciò gravemente ferito, il *Leutnant* Mathieu fu rimpiazzato al comando della prima compagnia dal *Leutnant* Dumont. La seconda compagnia era sempre agli ordini del *Leutnant* Closset, la terza del *Leutnant* Ruelle e la quarta del *Leutnant* Bosquion.

Soldati sovietici durante un assalto ad un villaggio.

Il sergente Foulon.

Le condizioni del tempo mutarono improvvisamente. Dei forti uragani si alternarono a giornate calde e afose. I sentieri di montagna diventarono fangosi e i legionari scivolavano sulle rocce e le radici che emergevano dal terreno. I due *Kampfgruppe* incontrarono inizialmente una scarsa resistenza nemica, impegnandosi solo in rapidi scontri contro le forze sovietiche che battevano in ritirata. Il *Kampfgruppe Ott* in tre giorni di marcia avanzò per circa 150 chilometri. I Sovietici erano però in agguato.

Il comandante Lippert prima di un'azione.

Fanti tedeschi impegnati a difendersi da un attacco.

Un gruppo di volontari valloni, estate 1942.

Erano state avvistate ovunque delle pattuglie di soldati sovietici e di partigiani. La compagnia di Stato maggiore della *97.Jäger-Division*, che seguiva il generale Rupp e che marciava al centro dei due *Kampfgruppe*, finì accerchiata da ingenti forze sovietiche nel villaggio di Schirwanskaja. Rupp aveva a sua disposizione uomini abituati a stare nelle retrovie piuttosto che in prima linea: segretari, furieri, cuochi ed infermieri. La paura di finire prigionieri dei Sovietici li costrinse a battersi come leoni, ma non riuscirono tuttavia ad evitare al nemico di circondare completamente la loro posizione.

"*...Il nostro reggimento era, certo, molto profondamente conficcato nelle montagne, e si avvicinava alla meta. Ma dietro alle sue forze, distese su dozzine di chilometri, le truppe sovietiche avevano appena tagliato ogni via di accesso! Rimpiattati in tenebrosi prugneti, i Rossi avevano lasciato passare i duemila uomini, poi avevano chiuso la sacca. Erano appostati in tutti i burroni. Il reggimento cercò di ripiegare, cadde di trabocchetto in trabocchetto. Correva i più grandi pericoli. Al centro, la compagnia di stato maggiore che attorniava il generale Rupp e avanzava da sola, distante dozzine di chilometri dai due reggimenti di fanteria, si era fatta tagliare fuori a sua volta. Il generale era accerchiato, da parecchie ore, nel villaggio di Schirwanskaja. I vecchi soldati di caserma, i segretari, i veterinari, i furieri, si battevano quanto potevano. Ma i dintorni del villaggio si trovavano già in mano ai sovietici.*

Degrelle, armato di pistola mitragliatrice, guida l'assalto.

La strada che univa Schirwanskaja alle retrovie era nelle mani dei Rossi, che avevano installato una forte posizione su quella via, al suo incrocio più elevato. Un messaggio ricevuto per radio ci chiamò urgentemente. Ordinava alla nostra legione di superare, nella notte stessa, venti chilometri di montagne, di scagliarsi sul nemico, di stanarlo e di raggiungere il comando di divisione a Schirwanskaja"(4).

L'*Oberleutnant* Lippert ricevette un messaggio radio nella notte e subito dopo riunì i suoi comandanti di compagnia: "...*Abbiamo ricevuto l'ordine di liberare i nostri camerati della Wehrmacht. Ci muoviamo subito!*". All'alba del 19 agosto, i fucilieri della compagnia Dumont e i mitraglieri della compagnia Bosquion avanzarono lungo un sentiero tortuoso e solcato da grosse buche. I legionari marciarono in fila indiana su entrambi i lati della pista. La pioggia era cessata e il sole era tornato alto. La prima compagnia era davanti, preceduta dalle staffette sul fianco sinistro del cammino. Due camion di artiglieria tedesca bruciavano lungo il bordo della pista. Improvvisamente si udirono degli spari: tutta la foresta sembrò infiammarsi. I legionari si buttarono a terra. Il rumore delle esplosioni provocò un fracasso assordante. Nessuno riusciva a capire da dove provenissero gli spari. Un graduato iniziò a urlare: "*di là! A sinistra! Attenzione tra gli alberi!*". E poi fu ordinato l'attacco: "...*En avant, Bourguignons!*". Le armi automatiche entrarono in azione con una cadenza infernale. Si udirono delle esplosioni di granate e delle grida. Poi risuonò ancora il grido di guerra: "...*En avant, Bourguignons!*". Iniziò così la carica. Il nemico sparì, lasciando numerosi caduti sul bordo della pista. I legionari avanzarono prudentemente verso qualche casa in una radura. Si trattava del villaggio di Prusskaïa. Non c'era traccia del nemico. Il *Leutnant* Dumont per precauzione piazzò delle sentinelle in prossimità degli accessi al villaggio, pronte ad avvistare eventuali attacchi nemici. Nel frattempo il comandante contò le perdite: il legionario Lucien Abrassart era stato ucciso da una pallottola in piena fronte nel corso di questo breve combattimento. Sulla sua tomba, scavata qualche ora più tardi, Léon Degrelle scrisse: "...*Aveva tutto il cielo nei suoi occhi*". Fu stabilito subito dopo il collegamento con i reparti tedeschi circondati mentre i Sovietici furono costretti a ritirarsi precipitosamente, lasciando nelle mani dei Valloni una grande quantità di armi pesanti, equipaggiamenti e alcuni camion *Ford*.

Reparti tedeschi impegnati nei combattimenti nelle regioni caucasiche, estate 1942

Léon Degrelle colloquia con l'interprete Stoupine, estate 1942.

Il Generale Rupp ordinò ai Valloni di inseguire le forze sovietiche che battevano in ritirata e di annientarle. Lanciati nella fitta foresta caucasica, i Valloni corsero come dannati costringendo i Sovietici a liberarsi di tutto il materiale pesante che tentavano di portarsi dietro. Per due giorni, i Valloni restarono in perenne allerta, pronti ad intervenire, mentre i loro camerati della *97.Jg.Div.* furono impegnati in violenti combattimenti nella valle del Psisch. I Sovietici stavano difendendo accanitamente tutta la regione petrolifera situata a sud-ovest di Maikop, vicino alle sponde del Mar Nero. Sapevano benissimo quanto fosse importante il petrolio per l'economia della guerra. La possibilità di un collegamento tra i *panzer* di Rommel che avanzavano nel deserto egiziano e le truppe tedesche che avanzavano nel Caucaso, fu bloccata dalla resistenza accanita dei Sovietici. Il grande appuntamento delle forze del *Reich* sulle rive del Tigre e dell'Eufrate svanì. Fu necessario battersi come dei dannati per conquistare poche centinaia di metri tra le montagne e le foreste. I Borgognoni si erano nel frattempo insediati sulle alture del villaggio di Paporotnyl ed erano stati inviati due plotoni in ricognizione verso Neftegorsk. Non c'era più una linea del fronte continua e le pattuglie erravano sotto la pioggia incessante tra le linee nemiche.

Il legionario vallone Jacques Dupont.

Una *MG-34* a difesa di una valle nel Caucaso.

In ogni istante potevano finire sulle posizioni sovietiche. Alcuni soldati nemici si erano totalmente interrati pronti ad aprire il fuoco, mentre altri si erano nascosti sulla cima di un albero ed erano pronti a lasciar cadere delle granate sui Borgognoni che avanzavano. "*...Bisognava non lasciarsi sfuggire le forze sovietiche che ruzzolavano attraverso la foresta. Ricevemmo l'ordine di braccarle e di distruggerle. All'inizio, ci fecero dei danni e abbatterono in particolare uno dei nostri più brillanti camerati, un giovane dottore in filosofia, che ricevette cinque pallottole nel petto. Ma il nostro slancio era irresistibile. Ci impadronimmo, a suon di bombe a mano, dell'ultimo cannone* Pak *che i Rossi cercavano di rimorchiare sotto il querceto, sulla pista di fango. Raggiungemmo il fondo della valle, autentica giungla equatoriale, inondata dalle acque del temporale del mattino, interrotta da burroni scoscesi, alti dieci o quindici metri, dritti come alberi. Dovevamo lasciarci scivolare sui tacchi, risalire l'altro versante aggrappandoci a ceppi e a radici. La vegetazione, foltissima, diffondeva profumi che stordivano. Centinaia di api, i cui sciami erano stati messi in fuga nel corso del combattimento volteggiavano, impazzite di furore. Avevo esaurito tutte le munizioni del mio mitra e non avevo più, per combattere corpo a corpo, che la mia rivoltella con una ventina di colpi. Correvamo di albero in albero, riducendo a mal partito il nemico tra i rovi e l'argilla. Ricacciammo l'essenziale delle sue forze sull'altro fianco della montagna, completamente scoperto, spaccato da una larga pista fangosa, estremamente ripida. I Rossi vi corsero in tumulto. Nel frattempo, l'artiglieria tedesca che doveva assecondarci aveva raggiunto l'incrocio conquistato. Proprio di fronte a quella strada spoglia, essa aveva appena* *sistemato i suoi pezzi. La cavalleria russa non aveva potuto combattere nella boscaglia e nelle macchie. Essa cercava di salvare le sue bestie, scivolando, cadendo su quello specchio di fango. Non si poteva vagheggiare bersaglio più distinto. I proiettili tedeschi si abbatterono su di essa, facendo a brandelli le truppe in fuga e le bestie travolte. Dei bolscevichi fuggivano in tutte le direzioni, inquadrati implacabilmente da centinaia di proiettili. I nostri mortai si erano uniti allo schiamazzo. La colonna sovietica fu, praticamente sterminata. Ma parecchi Rossi, da noi aggirati, erano rimasti nelle macchie e negli stagni oscuri del vallone. Eravamo corsi troppo lontano, presi dalla frenesia dell'inseguimento. Quasi senza munizioni, vedendo d'altronde i fuggiaschi annientati, volemmo ritornare al nostro punto di partenza. Ma ci trovavamo in piena giungla. Ci eravamo buttati sul nemico senza fare troppo attenzione alla direzione del combattimento. Avevamo appena percorso un centinaio di metri indietro che una raffica di mitra ci tagliò la strada: dei bolscevichi erano appostati nei cespugli! Ci scontravamo con loro continuamente. Sparavano ritenendosi braccati. I nostri soldati si sparpagliavano ogni volta nei folti roveti e si impegolavano sulla terra spugnosa....Dovevamo essere circa a due chilometri dal grosso del battaglione*"[5].

Reparti motorizzati tedeschi impegnati nelle regioni caucasiche, estate 1942.

Léon Degrelle, 1942.

Note

(1) La Lega è stata un'unità di misura di distanza, e in particolare di percorsi terrestri o marittimi, a lungo diffusa in Europa ed in America latina, originatasi nella Roma antica. Oggi non è più un'unità ufficiale in nessuna nazione, ma viene sporadicamente usata in parallelo a quelle ufficiali, particolarmente in ambito rurale. La lega era un'unità di lunghezza, variante da luogo a luogo, ed esprimeva originariamente, la distanza che una persona, o un cavallo, poteva percorrere al passo, in un'ora di tempo. A seconda dei luoghi è una grandezza variabile tra i quattro e i sei chilometri. In particolare in Belgio equivaleva a cinque chilometri.

(2) Léon Degrelle, "*Fronte dell'Est*", Sentinella d'Italia, pagine 118, 119.

(3) Léon Degrelle, "*Fronte dell'Est*", Sentinella d'Italia, pagine 123, 124.

(4) Léon Degrelle, "*Fronte dell'Est*", Sentinella d'Italia, pagine 127 e 128.

(5) Léon Degrelle, "*Fronte dell'Est*", Sentinella d'Italia, pagine 130, 131 e 132.

Oberfeldwebel **Paul Mezzetta.**

Attacco con le granate a mano.

La Battaglia per Tjerjakow

Il 21 agosto 1942, i Valloni ripresero la marcia verso sud: il battaglione ricevette l'ordine di dividere le sue forze per rastrellare meglio questa regione così difficile da controllare. E così, mentre il *Leutnant* Closset partì in ricognizione con la sua seconda compagnia, le altre tre compagnie, con i *Leutnant* Dumont, Ruelle e Bosquion, ricevettero l'ordine di attaccare il villaggio di Tjerjakow, ancorato su uno sperone roccioso. Al comandante Lippert era giunto il seguente radiotelegramma:" *Tjerjakow saldamente occupata dal nemico*". Degli esploratori guidati dall'*Oberfeldwebel* Paul Mezzetta furono inviati in ricognizione in direzione del villaggio. Lungo la strada incapparono in una cucina da campo nemica e fecero alcuni prigionieri. Addosso ad uno di questi fu trovato l'elenco delle razioni da preparare, quindi l'*Oberleutnant* Lippert riuscì a sapere il numero dei soldati sovietici che difendevano Tjerjakow. Decise quindi di attaccare subito: "*...Abbiamo di fronte un battaglione di trecento uomini, ma possiamo contare sull'effetto sorpresa*", riferì al suo aiutante, il *Leutnant* Lassois. Erano disponibili solo due compagnie fucilieri per l'assalto, la prima di Dumont e la terza di Ruelle. Sarebbero state appoggiate dalle mitragliatrici e i mortai della quarta compagnia del *Leutnant* Bosquion. L'*Oberleutnant* Lippert stese rapidamente un piano d'attacco: Tjerjakow si ergeva su una specie di sperone roccioso. Tra la foresta dove si erano rintanati i suoi legionari e la base della collina, si estendeva un vasto campo di tabacco che poteva permettere di avanzare senza essere visti. Una parte del battaglione doveva attaccare e l'altra restare in appoggio. Un plotone della prima compagnia, agli ordini dell'*Oberfeldwebel* Foulon, si portò sulle alture boscose sulla destra, tentando di sbucare sul fianco dei Sovietici. "*...Dovrete stabilire il collegamento con gli elementi della terza compagnia al centro di Tjerjakow*", ordinò Lippert. Il comandante decise di impegnare in appoggio all'attacco tutte le armi pesanti della Legione: mitragliatrici dell'*Oberfeldwebel* Kehren, mortai dell'*Oberfeldwebel* Graff e anche i *Pak* dell'*Oberfeldwebel* Dengis. Poco prima dell'inizio dell'attacco dei Valloni, si verificò uno scontro a fuoco tra una pattuglia esploratrice e gli elementi avanzati del battaglione. L'*Oberfeldwebel* Mezetta si accasciò al suolo, dopo aver ricevuto una pallottola in un polmone. Questo incidente fece precipitare la situazione e anticipare l'attacco: i Valloni si lanciarono all'assalto con uno slancio incredibile, risalendo le pendici dello sperone roccioso, sfondando le porte delle case e mettendo fuori combattimento i difensori di Tjerjakow. Nel giro di pochi minuti, il villaggio cadde nelle mani dei Valloni.

Soldati all'assalto appoggiati dal fuoco di una *MG-34*.

Prigionieri sovietici, estate 1942.

Gli attaccanti si avvicinano alle prime case del villaggio.

I Sovietici furono completamente colti di sorpresa dal loro assalto e non ebbero nemmeno il tempo di raggiungere le loro posizioni difensive. La loro artiglieria non riuscì a tirare un solo colpo. Quando gli attaccanti raggiunsero le prime case del villaggio, i Sovietici si rifugiarono nella foresta, sull'altro lato dello sperone roccioso. La terza compagnia, comprendente numerose giovani reclute, raggiunse il *Kolkhoz* senza troppe difficoltà. Quanto al plotone Foulon, riuscì ad effettuare molto bene il suo movimento aggirante, contribuendo a mettere il nemico in fuga. Il comandante guardò il suo orologio: era mezzogiorno. L'attacco e la conquista di Tjerjakow erano durate meno di un'ora. "...*E' necessario attestarsi in forze nel villaggio*", ordinò al *Leutnant* Lassois. E infatti, dopo essersi raggruppati in una foresta vicina, i Sovietici contrattaccarono, investendo inizialmente la terza compagnia di Ruelle, che aveva preso posizione nel *Kolkhoz*. L'assalto nemico fu così improvviso e inatteso che per i Borgognoni la situazione si fece difficile. Un gruppo di giovani reclute armeggiava intorno ad un mortaio, senza sapere bene cosa fare. Fortunatamente per loro, in zona c'era il legionario Jean Frisschen della prima compagnia, capo del gruppo mortai della sua unità, giunto nei pressi del *Kolkhoz* alla ricerca di cibo.

Una squadra mitraglieri all'attacco.

Fanteria sovietica all'assalto, estate 1942.

Un mortaio da 80mm impegnato in prima linea.

Fanteria sovietica durante un attacco, 1942.

Dopo aver verificato che l'arma fosse ben fissata alla sua base, iniziò a far partire i primi colpi, che caddero non lontano dagli attaccanti. L'*Oberleutnant* Lippert apparve a sua volta. Essendo un ex-ufficiale di artiglieria, poteva fornire tutta la sua esperienza. "*...Tirate più corto, cinquanta metri*", ordinò subito ai serventi. Poi aggiunse: "*...A destra, quindici metri. Bene. Continuate a tirare*". I Sovietici furono bloccati da una pioggia di granate. Il *Leutnant* Ruelle, con l'appoggio del suo mortaio, guidò i suoi plotoni al contrattacco. I comandanti di plotone Robert Denie e Charles Verpoorten, riuscirono a ristabilire la situazione con i loro giovani Borgognoni. Alcuni pezzi anticarro presi ai Sovietici furono utilizzati per la difesa di Tjerjakow. Per tutta la notte, i Sovietici continuarono a lanciare attacchi per tentare di riconquistare il villaggio e il *Kolkhoz.* Verso l'una del mattino, sembrò tornare la calma. Poi, improvvisamente scoppiò di nuovo l'inferno. Questa volta però i Sovietici attaccarono alle spalle del battaglione vallone, nella foresta. L'*Oberleutnant* Lippert ordinò al *Tross* di raggiungere il grosso del battaglione e nel corso della marcia incappò in un reparto nemico. Delle staffette arrivarono al posto di comando della Legione: "...*Monsieur le Commandeur, ci manda il* Leutnant *tedesco Schluck. Chiede dei rinforzi*".

Valloni con un pezzo anticarro da 37mm.

Un soldato tedesco durante un attacco, 1942.

Una *MG-34* su affusto pesante *Lafette.*

Alcuni Borgognoni furono inviati sul luogo dello scontro e ristabilirono la situazione. Si venne a sapere che un battaglione sovietico, ignorando la conquista del villaggio, si stavano preparando a raggiungere Tjerjakow piombando sulle retrovie del *'Tross'*. I combattimenti ripresero nella tarda mattinata. Questa volta i Sovietici erano più numerosi e ben determinati. I combattimenti si svilupparono di posizione in posizione, di isba in isba nello stesso villaggio di Tjerjakow. I Borgognoni riuscirono tuttavia a mantenere le loro posizioni. Verso mezzogiorno, i Sovietici portarono numerosi mortai sul bordo della foresta. Da questa cresta che dominava lo sperone roccioso dove si trovava il villaggio, fecero piovere una pioggia di proiettili. Tjerjakow si trasformò in un inferno. I Valloni continuarono a battersi ferocemente ma subirono perdite ed iniziarono a ripiegare. Si sentivano circondati, poiché i Sovietici occupavano tutte le alture al di sopra del villaggio. I comandanti di compagnia e quelli di plotone raggrupparono i loro uomini. Al crepuscolo, il comandante fece il bilancio: "...*Abbiamo perse qualche isba e il Kolkhoz è minacciato. Ma bisogna tenere. Non c'è altra soluzione*", disse Lippert al *Leutnant* Lassois.

"*Cosa possiamo fare, monsieur le Commandeur?*", chiese Lassois.

"*Dobbiamo localizzare le armi pesanti nemiche e tentare di eliminarle con i nostri* Pak", replicò Lippert. Il vecchio ufficiale di artiglieria ritrovò rapidamente le sue competenze da cannoniere, quindi riuscì ad allentare un poco la pressione nemica e a disimpegnare il *Kolkhoz*. I Sovietici si ritirarono nuovamente nella foresta e non lanciarono più attacchi contro Tjerjakow. Le posizioni dove si trovavano la prima compagnia di Dumont e la terza di Ruelle, così come quelle della compagnia mitraglieri di Bosquion, erano circondate da foreste dove si nascondevano numerosi soldati sovietici. La prima compagnia occupava l'estremità occidentale del villaggio, proprio dove sbucava il sentiero che conduceva a Paporotnyl. Il posto di comando del reggimento cacciatori tedesco da cui dipendeva la Legione era a circa sei chilometri. La linea telefonica stabilita dagli uomini delle trasmissioni era continuamente tagliata dai Sovietici. Furono quindi moltiplicate le pattuglie: un gruppo da combattimento composto da dieci uomini per proteggere quelli che riparavano la linea e due gruppi per scortare i rifornimenti. Una mattina, l'*Oberleutnant* Lippert non riusciva a mettersi in contatto con il comando del reggimento tedesco. La linea telefonica era stata nuovamente tagliata. Fu quindi necessario inviare una pattuglia, posta agli ordini dell'*Unteroffizier* Léon Gillis.

L'*Oberfeldwebel* John Hagemans.

Lucien Lippert e Léon Degrelle, estate 1942.

Questo veterano del primo contingente, doveva proteggere così con una decina di legionari, i due telefonisti che dovevano trovare e riparare l'interruzione. Tutto sembrava calmo, troppo calmo. I legionari avanzavano comunque con circospezione, guardando soprattutto le cime degli alberi dove si nascondevano spesso i cecchini sovietici. I due telefonisti marciavano in mezzo al piccolo gruppo, seguendo il filo tenuto tra due dita. Nel momento in cui scoprirono l'interruzione, scattò l'imboscata. "...*Rispondete al fuoco!*", urlò Gillis. Lo scontro a fuoco fu breve. I Sovietici lamentarono un caduto, mentre i Valloni due feriti. I telefonisti ripararono l'interruzione e così tutti poterono rientrare.

Il 26 agosto 1942, un gruppo da combattimento della prima compagnia fu inviato in ricognizione agli ordini del sergente Andréeff, un veterano del primo contingente. Con lui c'erano numerose giovani reclute. Dopo i combattimenti nel *Kolkhoz* di Tjerjakow, avevano iniziato ad essere più agguerriti. Tra di loro c'era Pierre Moreau, diciassette anni, partito con suo fratello Pierre, di venti anni. "...*Sono dei colpi di mortaio!*", disse improvvisamente Pierre Moreau. "...*Esatto, tutti al coperto!*", ordinò il sergente Andréeff. I proiettili caddero non lontano da loro, nei pressi di un piccolo gruppo del plotone comando della terza compagnia. Tra le staffette c'era il sergente John Hagemans. Si accasciò al suolo senza gridare. I legionari accorsero subito, ma fu tutto inutile, era morto. Fu un brutto colpo per tutta la gioventù rexista. La notizia della sua morte si diffuse subito: Léon Degrelle arrivò subito, pregando in ginocchio vicino al corpo di Hagemans. Il sergente non fu il solo caduto a Tjerjakow: numerosi colpi di mano sovietici furono respinti, ma il villaggio continuò ad essere bersagliato dal fuoco dei mortai nemici. In una settimana, i Valloni lamentarono quindici caduti e una cinquantina di feriti. Alla fine della battaglia per Tjerjakow, il Comandante Lippert fu decorato con la Croce di Ferro di Prima Classe, Léon Degrelle con il Distintivo per gli Assalti di Fanteria (*Infanterie SturmAbzeichen*) e altri undici legionari con la Croce di Ferro di Seconda Classe. Il 28 agosto, degli ufficiali di collegamento della divisione SS *Wiking* giunsero a Tjerjakow, riferendo che la Legione *Wallonie* sarebbe stata rilevata dai reparti della *Waffen SS*. Il giorno dopo, il grosso del battaglione partì per Kubano-Armiansk, a est di Tjerjakow, dove si trovava già la seconda compagnia di Closset.

Degrelle vicino al corpo di Hagemans.

A LA MEMOIRE DE

John M. L. HAGEMANS

Prévot
des Serments de la Jeunesse,

né à La Hulpe, le 27 mars 1914,
glorieusement tombé au front de l'Est
le 26 août 1942, pour Dieu et sa Patrie.

Ricordo di John Hagemans.

Guerra di pattuglie

Il 4 settembre, l'*Oberfeldwebel* Denie, della terza compagnia, raggruppò gli uomini del suo plotone per andare in ricognizione. Dovevano controllare se il villaggio di Ismaëlowka fosse occupato dal nemico. I Borgognoni penetrarono rapidamente nella foresta con l'ordine di non fare alcun rumore. I giovani legionari erano rassicurati dalla presenza di tre veterani della Legione straniera, l'*Oberfeldwebel* Dusevoir e i fratelli Louvart, che avevano combattuto nel Tonkino, nel Sahara e in Marocco. Poco dopo giunsero in una radura, in mezzo alla quale c'era un villaggio con dei campi di mais e un boschetto.

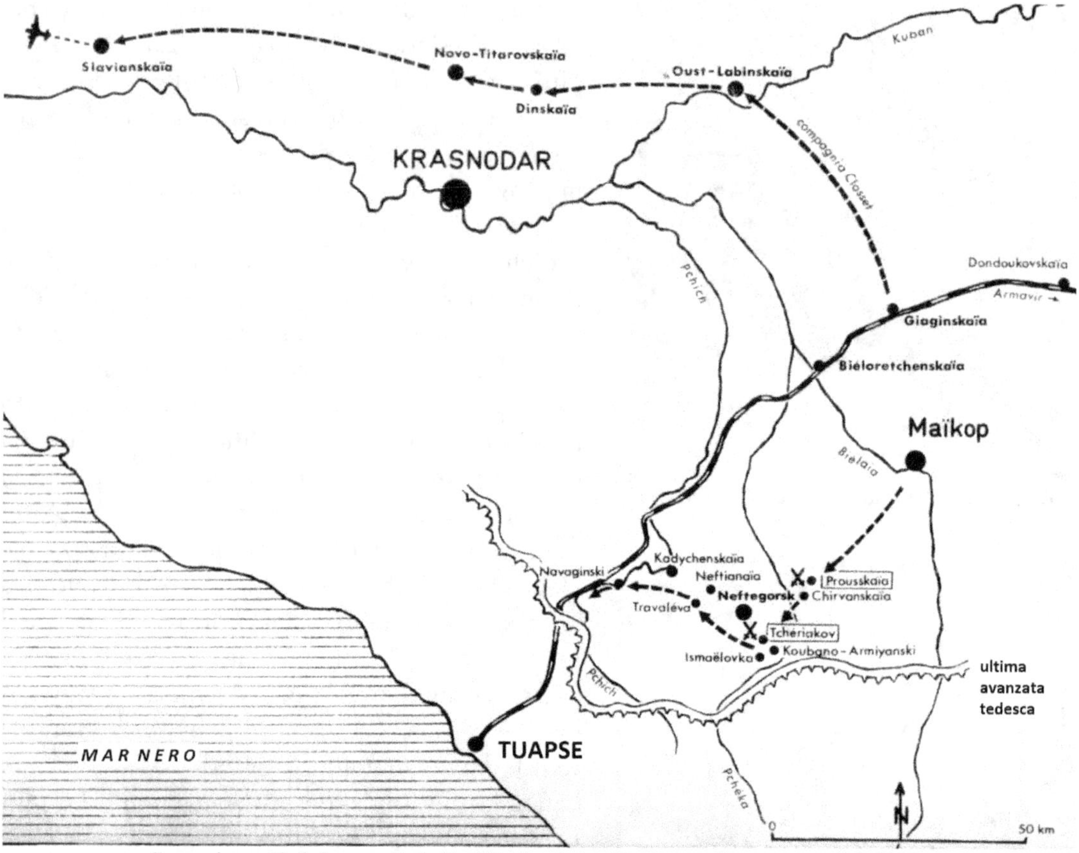

I movimenti dei reparti della *Wallonie* tra l'estate e l'autunno del 1942.

Léon Degrelle e il suo *'Caucaso'*.

Due esploratori furono mandati in ricognizione. Si udì improvvisamente un grido di donna e si videro tre soldati sovietici uscire da un'isba per rifugiarsi nel boschetto. Il legionario Paquet si precipitò gridando: "*...Arrendetevi, siete circondati!*". Una raffica lo costrinse a buttarsi per terra. Un altro legionario rimase leggermente ferito. I loro camerati risposero al fuoco e finalmente i tre soldati sovietici si arresero. L'infermiere chiamò l'*Oberfeldwebel* Denie: "*...Jacques ha avuto fortuna. Ha riportato solo una ferita superficiale poiché il proiettile è stato deviato dalla sua piastrina di riconoscimento. Ma Paquet invece non ce l'ha fatta, ha beccato una pallottola in* *piena fronte*". Il legionario Paquet era caduto in combattimento come il suo camerata Ernst qualche giorno più tardi, nel corso di una altra ricognizione nella foresta. Un tragico destino per questo ragazzo che non aveva nemmeno venti anni. Volontario del primo contingente, era stato smobilitato perché malato di epilessia. Questo non gli impedì di ripresentarsi volontario con il secondo contingente del marzo 1942 e malgrado la sua malattia a farsi arruolare in una compagnia di combattimento. Una pallottola mise definitivamente fine alla sua avventura nella Legione nei pressi del villaggio di Nikolsk, durante uno scontro a fuoco. I partigiani sovietici, invisibili, erano presenti ovunque.

Legionari valloni penetrano in un villaggio. In primo piano, un mitragliere con una *MG-34* .

Un carro rifornimenti attraversa un villaggio caucasico, scortato da alcuni soldati, per evitare agguati da parte dei ribelli.

Il legionario Jacques Leroy.

Il cuciniere van Oost era partito a raccogliere delle patate con tre donne russe in un campo situato a duecento metri dal villaggio dove era dislocata la terza compagnia della *Wallonie*. Le donne ritornarono poco dopo gridando. Il corpo di van Oost fu trovato dagli altri legionari accorsi sul posto, con il ventre aperto da sette o otto colpi di baionetta. Ancora più grave fu l'episodio di una pattuglia mandata in missione il 15 settembre 1942: i legionari valloni erano partiti per scortare un convoglio di rifornimenti. Alla fine ne ritornò uno solo, il mitragliere Buovay. Gli altri tre legionari furono ritrovati morti nei pressi del villaggio di Paparotnyl, orrendamente mutilati. Le pattuglie della *Wallonie* continuarono ad essere inviate in ricognizione di notte e di giorno, per scortare le colonne dei rifornimenti e per assicurare il controllo del territorio e non mancarono gli scontri a fuoco con i reparti nemici, così come continuarono a salire le perdite. L'attività delle bande ribelli si intensificò notevolmente in tutta la regione, chiamando spesso i reparti della *Wallonie* a intervenire, impegnandosi in una lotta senza quartiere.

Fine della campagna nel Caucaso

Léon Degrelle, estate 1942.

Il *Leutnant* Albert Lassois.

Con l'inizio di ottobre ritornò la pioggia e il fango. I Tedeschi volevano arrivare a Tuapse prima dell'inverno. L'offensiva riprese nell'alta valle del Pscisc. Nella serata del 6 ottobre 1942, la legione *Wallonie*, lasciò il villaggio di Kubano-Armiansk, per partecipare alle operazioni della *97.Jäger-Division*. Numerosi legionari si erano ammalati ed era stato necessario evacuarli, tra questi anche il *Leutnant* Ruelle. Il *Leutnant* Vermeire fu quindi richiamato in servizio per riprendere il comando della terza compagnia. Sotto una pioggia incessante, i Valloni marciarono su sentieri di montagna impossibili, incontrando notevoli difficoltà. Dopo una breve sosta presso il posto di soccorso di Travaleva, dove fu organizzata anche una rapida cerimonia per la consegna di decorazioni, il 9 ottobre, i legionari valloni furono messi in allerta. Degli ausiliari del Turkestan avevano disertato e fu decisa un'operazione di recupero. Le compagnie partirono nella notte tra il 9 e il 10 ottobre, rastrellando vanamente le foreste circostanti. Fino alla metà di ottobre, i legionari continuarono a essere impegnati in piccole operazioni senza conseguire alcun risultato di rilievo. La legione discese quindi nella valle del Pscisc, per poi risalire per occupare delle posizioni di sorveglianza sulle creste circostanti e infine ridiscendere in un'altra valle per bivaccare. Il numero dei convalescenti continuava a salire. Una pattuglia fu inviata in ricognizione. Dopo alcune ore di marcia verso sud-ovest, i Borgognoni avvistarono un'ampia vallata. Ad una ventina di chilometri in linea d'aria, si distingueva appena una città: era Tuapse. Delle nuvole di fumo nero si innalzavano nel cielo, mentre le squadriglie di *Stukas* stavano bombardando i depositi di petrolio e i suoi sobborghi. Quando la pattuglia fece ritorno, fu dato l'ordine di discendere verso la valle e di abbandonare le posizioni sul Pscisc. A partire dal 22 ottobre 1942, i legionari occuparono una posizione difensiva a sud di Navajinski. Con l'arrivo delle piogge autunnali, la situazione peggiorò ulteriormente: i legionari che già soffrivano la fame per il mancato arrivo dei rifornimenti dovettero fronteggiare anche il freddo, nelle trincee e nei *bunker* completamente allagati. Per motivi di salute, la legione perse la metà dei suoi già scarsi effettivi: la febbre, la polmonite e l'itterizia, fecero più vittime del fuoco dei Sovietici. Gli scontri con il nemico si ridussero a sporadici incontri notturni tra le pattuglie esploratrici.

Autunno 1942: cerimonia di consegna delle decorazioni ai legionari della *Wallonie* in una località del Caucaso nord-occidentale. Sulla sinistra, il generale Rupp, poco più a destra, Léon Degrelle ed alla sua sinistra, con una cartellina in mano, il *Leutnant* Henry Thyssen.

Autunno 1942: legionari della *Wallonie* in fila per il rancio. Notare le nuove uniformi e l'equipaggiamento da truppe da montagna tedesche e l'*Edelweiss* sui berretti.

All'inizio di novembre, la legione ridotta ad appena 187 uomini, fu definitivamente ritirata dalla prima linea, seguendo il ripiegamento delle armate tedesche dal Caucaso in seguito all'aggravarsi della situazione sul fronte di Stalingrado. I volontari valloni ricevettero tre settimane di licenza da trascorrere in patria. Come segno di riconoscimento per l'impiego al fianco della *97.Jäger Division*, i veterani della campagna del Caucaso, ebbero il privilegio di portare le insegne delle truppe da montagna tedesche, l'*edelweiss* (la stella alpina) di metallo, sulla sinistra del berretto e il distintivo di stoffa, un ovale sempre con l'*Edelweiss*, sul braccio destro dell'uniforme.

Nelle prime due foto a sinistra, legionari valloni con il distintivo in stoffa con l'*Edelweiss* sul braccio destro. Nella foto a destra, Degrelle con l'*Edelweiss* sul berretto.

L'incontro di Degrelle con Himmler, estate del 1942.

Sul fronte dell'Est, sempre nelle regioni caucasiche, rimasero un centinaio di volontari appartenenti al secondo contingente, agli ordini del *Leutnant* Léon Closset, sempre aggregati alla *97.Jäger-Division*. Questi elementi parteciparono ai combattimenti in retroguardia per l'evacuazione dei reparti tedeschi dal Caucaso, venendo poi trasferiti via aerea in Crimea nel febbraio del 1943.

Passaggio nella Waffen SS

Verso la metà di dicembre del 1942, Léon Degrelle approfittando del primo congedo accordato ai legionari, si recò a Parigi insieme all'*Hauptmann* von Lehe: servivano nuovi volontari e Degrelle voleva trattare con le autorità germaniche la liberazione dei prigionieri belgi ancora rinchiusi nei lager tedeschi. Non riuscendo a trovare alcun accordo, il capo rexista decise di rivolgersi alle *Waffen SS*. Partito alla volta di Berlino, si incontrò con il corrispondente del giornale *Pays Réel*, lo storico Léon Van Huffel, che lo introdusse negli alti comandi delle SS. Già nell'autunno del 1942, dopo aver conosciuto l'*SS-Brigdf.* Steiner, comandante della divisione SS *Wiking*, durante i combattimenti nel Caucaso, Degrelle aveva chiesto espressamente al generale Rupp il trasferimento della *Wallonie* alle dipendenze della *Wiking*, ma senza l'autorizzazione degli alti comandi tedeschi non si era potuto fare nulla. Nel gennaio 1943, fu lanciata una nuova campagna arruolamenti, questa volta con l'aiuto del servizio propaganda della SS. Accorsero ai centri di arruolamento circa duemila nuovi volontari provenienti da tutte le classi sociali.

Cerimonia di giuramento dei nuovi volontari per la *Wallonie* presso il campo di Meseritz.

Degrelle passa in rassegna i nuovi volontari

Oltre ad un buon numero di ex-minatori e di operai, c'erano molti ufficiali e soldati del vecchio esercito belga, giovani della nobiltà, della migliore borghesia belga, figli di diplomatici, di funzionari e di industriali. Il 1° giugno 1943, per intercessione diretta di Gottlob Berger, capo dell'*SS-Hauptamt*, la legione vallone con i suoi duemila effettivi, fu incorporata ufficialmente nella *Waffen SS*, diventano la Brigata d'assalto *'Wallonien'*. Nell'autunno del '43, sarebbe ritornata sul fronte dell'Est.

Degrelle mentre incontra e passa in rassegna i nuovi volontari per la Brigata *Wallonie*.

L'*Oberleutnant* Degrelle, con l'uniforme dell'esercito e con l'*edelweiss* di metallo delle truppe da montagna sul berretto. Sulla sua uniforme, sono ben visibili la Croce di Ferro di Prima Classe e il Distintivo per gli assalti di fanteria.

Altra foto di Degrelle, qui ancora con il grado di *Leutnant*, in cui è visibile sull'uniforme, insieme alle altre decorazioni, anche il Distintivo per Feriti in Nero, sotto la Croce di Ferro.

***Oberleutnant* Léon Degrelle**

Degrelle con l'*Oberleutnant* Lippert

Comandanti di reparto

Agosto 1941 - novembre 1942 - In successione cronologica

Comandanti della Legione

Hauptmann Georges Jacobs
Hauptmann Pierre Pauly
Hauptmann Georges Tchekhoff
Oberleutnant Lucien Lippert

Stato Maggiore (Numero Feldpost: 38918A)

Aiutante
Oberleutnant Lucien Lippert
Leutnant Albert Lassois

Ufficiale di ordinanza
Leutnant Léopold Thys
Oberleutnant Adolphe Hénier
Leutnant Léon Degrelle

Ufficiale di collegamento con la *97.Jg-Div.*
Leutnant Jean Vermeire

Sottufficiale addetto alle trasmissioni
Oberfeldwebel D'Hayer

Ufficiale dell'intendenza
Leutnant Robert Du Welz

Cappellano militare
Abbé Salesse

Ufficiale medico
Oberleutnant Dr Jacquemin
Leutnant Dr Albert
Leutnant Dr Sylvère Miesse
Aspirante medico Georges Lambrichts
Aiutante farmacista Camille Petre

Servizio sanitario
Leutnant Boullienne

Stato Maggiore di collegamento tedesco

Leutnant Leppin
Hauptmann von Lehe
Rittmeister von Rabenau
Leutnant Schluck
Leutnant Winterscheidt

***Leutnant* Jules Mathieu.**

Agosto 1942: Degrelle utilizza la schiena di un legionario, per scrivere un ordine.

Tre fratelli, volontari nella *Wallonie*.

1ª compagnia fucilieri (Numero Feldpost: 38918B)

<u>Comandante di compagnia</u>
Hauptmann Van Damme
Leutnant Alfred Lisein
Leutnant Jules Mathieu

<u>Comandanti di plotone</u>
Leutnant Jean Vermeire
Oberfeldwebel Jules Mathieu
Oberfeldwebel Albert Lassois
Oberfeldwebel Léon Closset
Oberfeldwebel François Daras
Leutnant Henry Thyssen
Leutnant Joseph Dumont
Oberfeldwebel Albert Verpoorten

2ª compagnia fucilieri (Numero Feldpost: 38918C)

<u>Comandante di compagnia</u>
Oberleutnant Heyvaert
Leutnant Jean Daulne
Leutnant Jean Vermeire
Leutnant Léon Closset

<u>Comandanti di plotone</u>
Leutnant Paul Daulie
Oberfeldwebel Camille Brasseur
Oberfeldwebel Adrien Godsdeel
Oberfeldwebel Nicolas
Leutnant Henry Thyssen
Oberfeldwebel François Daras
Oberfeldwebel Alfred Falcque

3ª compagnia fucilieri (Numero Feldpost: 38918D)

<u>Comandante di compagnia</u>
Hauptmann Georges Tchekhoff
Leutnant Léopold Thys
Oberfeldwebel Georges Ruelle
Leutnant Jean Vermeire

<u>Comandanti di plotone</u>
Leutnant Arthur Buydts
Oberleutnant Adolphe Hénier
Oberfeldwebel Georges Ruelle

Hptm. von Lehe e *Rittmeister* von Rabenau.

Léon Degrelle ad una mostra fotografica.

Oberfeldwebel C. Dohet
Stabfeldwebel Thirionnet
Oberfeldwebel Robert Denie
Oberfeldwebel Paul Mezzetta
Oberfeldwebel Albert Verpoorten
Unterfeldwebel Charles Generet

4ª compagnia mitraglieri (Numero Feldpost: 38918E)

Comandante di compagnia
Hauptmann René Dupré
Oberleutnant Arthur Buydts
Leutnant J. Daulne
Leutnant Camille Bosquion
Oberfeldwebel Joseph Mirgain

Comandanti di plotone
Oberleutnant R. Sloet
Leutnant Alfred Lisein
Oberfeldwebel Camille Bosquion
Oberfeldwebel Vervloet
Oberfeldwebel Pierre Dengis
Unterfeldwebel Matton
Unterfeldwebel Marcel Bonniver
Oberfeldwebel Rorive
Oberfeldwebel Josy Graff

Bibliografia e fonti

Fonti primarie e pubblicazioni dell'epoca

Bundesarchiv Berlin Lichterfelde, Germania
Bundesarchiv-Militärarchiv Freiburg, Germania
Deutsche Dienststelle (WASt)
US National Archives (Personalakte – Microfilm), Washington, Stati Uniti
Vojensky Historicky Archiv Praga, Republica Ceca

L. Degrelle, "*Feldpost*", Editions Rex, gennaio 1944
"*La Légion Wallonie*", brochure di propaganda pubblicata durante la guerra
rivista *Signal*, vari numeri e varie edizioni

Fonti secondarie

Libri

AA.VV.,"*Léon Degrelle fascista per Dio e per la patria*", Società Editrice Barbarossa
M. Afiero, "*I volontari stranieri di Hitler*", Ritter editrice
M. Afiero, "*La Crociata contro il bolscevismo. Volume 1: le legioni volontarie europee*", Marvia Editrice
C.Caballero Jurado, "*Foreign volunteers of the Wehrmacht 1941-45*", Osprey Publishing Ltd
E. de Bruyne e M. Rikmenspoel, "*For Rex and for Belgium*", Helion & Company
L. Degrelle, "*Fronte dell'est*", ed. Sentinella d'Italia
D. Littlejohn, "*Foreign legions of Third Reich: volume II*", James Bender Publishing
J. Mabire, "*Légion Wallonie au fronte de l'est 1941-44*", Presses de la Cité
Saint-Loup,"*Les SS de la Toison d'Or*", Presses de la Cité, 1975
E. Zucconi, "*Léon Degrelle, 28ª SS Wallonien: storia di un testimone del novecento* ", Novantico Editrice

Pubblicazioni periodiche

Rivista di storia militare *Ritterkreuz* dedicata alle forze dell'Asse nella Seconda Guerra Mondiale

Risorse Internet

http://www.feldgrau.com
http://www.axishistory.com
http://www.lexikon-der-wehrmacht.de
http:// www.foreignvolunteerlegion.com
http://www.maxafiero.it

Riferimenti fotografici

Bundesarchiv, Germania
Washington, D.C. National Archives and Records Administration (NARA).
Archivio Jean Mabire

Collezioni fotografiche personali

Rene Chavez, Jean Mabire, Massimiliano Afiero

N.B. Per molte foto non è stato possibile reperire la fonte, per cui l'Associazione si dichiara pienamente disponibile a regolare eventuali spettanze, pur essendo questa pubblicazione non un prodotto commerciale e quindi non in vendita, ma solo una pubblicazione riservata ai soci della nostra Associazione Culturale.

SOLDIERSHOP
PUBLISHING

www.ingramcontent.com/pod-product-compliance
Lightning Source LLC
Chambersburg PA
CBHW081723120626
46550CB00010B/3219

* 9 7 8 8 8 9 3 2 7 3 4 9 7 *